清 华 教 授 的 思 维 训 练 课

创造力培养

高云峰 | 著

CREATIVITY

河南科学技术出版社
·郑州·

图书在版编目（CIP）数据

清华教授的思维训练课：创造力培养 / 高云峰著. —郑州：河南科学
技术出版社，2023.3（2024.6重印）
ISBN 978-7-5725-1099-1

Ⅰ.①清… Ⅱ.①高… Ⅲ.①思维训练 Ⅳ.① B80

中国国家版本馆 CIP 数据核字（2023）第 021495 号

出版发行：河南科学技术出版社
地址：郑州市郑东新区祥盛街27号 邮编：450016
电话：（0371）65788613 65788857
网址：www.hnstp.cn

策划编辑：刘燕芳
责任编辑：刘燕芳 牟 斌
责任校对：李晓雪
装帧设计：方 圆
部分插图：雷璐西 王淇渲 张灵溪
责任印制：张艳芳
印 刷：山东润声印务有限公司
经 销：全国新华书店
开 本：787 mm×1 092 mm 1/16 印张：14.5 字数：320千字
版 次：2023年3月第1版 2024年6月第4次印刷
定 价：69.00元

如发现印、装质量问题，影响阅读，请与出版社联系并调换。

序

教育是为了培养具有良好人格品性、较强行动能力、较好思维品质和较深创造潜能的人才。教育要注重培养学生的思维能力和解决问题的能力。

这是一本内容丰富，培养学生创造力，帮助学生进行跨学科思维训练的书。你可以从中看到简明的科学发展史，看到不同学科重要的模型，看到很多有趣的挑战项目，看到快速分析并解释生活现象的原理，看到无处不在的思维方法和处理问题的技巧，看到你所学过的大部分课程但又截然不同。下面是本书涉及的课程：

- 语文（"复原欹器"中的《孔子家语》）；
- 数学（"重新发现开普勒定律"中对数据进行各种运算并找到规律）；
- 物理（"显微镜和望远镜"中的透镜成像）；
- 生物（"生命科学领域的重要模型"中的遗传与变异）；
- 地理（"从地心说到日心说"中的宇宙模型）；
- 音乐（"吉他品柱的距离"中的十二平均律）；
- 体育（"跳高的方式"中背越式的原理）；
- 美术（"地球的周长"中的透视原理）；
- 计算机（"帕斯卡计算器"中的补码思想）；
- 劳技（"小鸭下山"中的动手实践）；
- 逻辑（"批判性思维"中的逻辑判断）；
- 思政（"寻找四叶草"中自己创造幸福的快乐）；
- 英语（"渡渡鸟与树的故事"中英国自然博物馆的资料）；

⋯⋯⋯⋯⋯

当然，更多内容涉及多学科与跨学科融合。

本书内容有三个来源：我在清华大学开设的课程，每次课前安排的短小讲座；在清华大学开设的创意挑战课程；在全国各地给大、中、小学生做的报告和开展的创意活动。

来源一：课前短小讲座。我在清华大学给本科生开设了理论力学、航天器动力学课程。除了常规的教学内容，我有意识地采用课前短小讲座的形式增加了很多关于思维、创意的内容。这些内容短小精练，既与课程内容密切相关，又富有启发作用。用所学知识分析案例背后的道理，一方面让学生了解理论如何应用于实践，另一方面案例中的结论具有启发作用，让学生感受到虽然是从物理学角度得到的结论但是又具有更普遍的意义，从而超越了知识本身。

来源二：创意挑战课程。我提倡一种"基于设计的学习"，把定性分析、定量计算、创意设计、动手实践融为一体，最后得出具有教育意义的结论并用实物进行演示，这是学生喜欢但目前教育中所缺乏的模式。为此我开设了趣味力学实验及制作、力学中的创意设计课程。其中趣味力学实验及制作是清华大学第一批创意实践课程，我带领学生做了很多创意挑战项目，包括本书第四章"动手与实践"中的大部分活动，"弹簧秤称大象""飞针穿玻璃""手机吊冰箱"等还被中央电视台做成了科普节目；"小鸭下山"则成为电视节目《加油！向未来》中的一期节目。

来源三：开展创意活动。除了在清华大学教学，我有机会在全国各地给大、中、小学生，甚至幼儿园小朋友做创意讲座，上示范课程，开展了很多趣味创意活动。面对年龄跨度很大的学生，就不适合讲太具体的知识，所以我更多讲解思维、创意的方法，结合案例进行启发引导。为此我自己设计了从不同角度思考问题和解决问题的方法，并开发了很多创意活动的道具。

鉴于此，我整理并适当删减了一些复杂的内容，补充了一些简单的案例，构成本书的基本内容，小学高年级和初中学生都可以看懂。书中针对日常生活和学习中司空见惯的现象，以及科学和工程中有趣的历史或装置，分析其背后的道理、思考的方法及给我们的启示。

书中的案例有趣且具有启发意义。

第一章"观察与思考"，介绍了如何透过现象看本质。从身边自行车说起，从辐条是否模糊引发认知冲突，继而引出虽然有"眼见为实"的说法，但眼睛所看到的现象可能只是事物的表面现象，我们除了要仔细观察，同时还需要善于思考。

第二章"建模与分析"，介绍了如何解释我们所关心的问题。例如，竹筷子为什么不容易拉断而很容易折断，通过对竹纤维受力的形象分析，很自然地理解"团结一致"力量大，而"各自为战"容易被各个击破的道理。

第三章"创意与发明"，介绍了一些发明的案例，包括工具和方法。以跳高为例，不同的过杆方式会得到不同的成绩，引申出做事情方法的重要性。在能力一定的情况下，方法好就可以事半功倍，这一结论超越了学习具体的知识，方法比知识更重要，富有启发意义。

第四章"动手与实践"，介绍理论与实践相结合的案例。例如，复原孔子时代欹器的案例，把教育含义、创意设计、动手实践融合在一起。经过定性分析和计算，可以设计并做出一个在桌面上演示的模型，是很好的"座右铭"。

书中的照片或插图绝大部分由作者拍摄或绘制，雷璐西（中国人民大学附属中学）、王淇渲和张灵溪（清华大学附属中学）三位小朋友应邀绘制了小部分插图，在此深表感谢。

感谢我的夫人涂悦女士，提供了安静写书的环境并给予我无微不至的照顾；感谢我的女儿高斯玥，提供了部分软件技术支持。

高云峰

2023 年 2 月 21 日

目录

第一章　观察与思考

观察是发现的基础。

提倡观察与思考，是因为有时我们看到的可能只是事物的表面现象，通过思考才能获得更深入的理解。

人们通常会对一些事物"视而不见"。但如果仔细观察，就有可能发现奇特的现象，进而引发思考，也就有可能提出问题，进而分析解决问题。

如果不仔细观察，或者只是观察而缺乏思考，则很容易得出一些似是而非的结论。举个例子，你认为下面的推论问题出在哪里？

前提 1：如果坐在行驶的公共汽车上，打开一扇车窗，车外的空气就会扑面而来。

前提 2：不管是坐在第一排，还是第二排，打开此排旁边的一扇车窗，车外的空气都会流进来。

如果你认为前提 1 和前提 2 都正确，就可以推出：如果车上的每扇窗子都打开，那车厢中的空气就会越来越多。

这个结论的错误很明显，但问题出在什么地方呢？前提 1 或前提 2 有问题吗？

如果有时错误不太明显，就更不容易被发现了。例如，古人看到太阳每天东升西落，因此很自然地认为太阳绕地球转动（见后文"地球在运动吗"），但是我们现在知道事实正好相反，是地球绕太阳转动。类似的一些错误都存在了上千年，所以说，首先要学会观察，然后要学会思考，才可能发现其中的真相。

总而言之，观察是第一步，观察才可能会引起很多后续的故事。

1. 自行车车轮的运动——你注意到了什么

自行车是大家很熟悉的交通工具，关于自行车的运动，就有一些出乎意料的现象。

自行车正常行驶时，假设车速为 5 m/s，则车轮中心的速度也为 5 m/s。车轮不打滑，其与地面接触点的速度为 0，那么车轮最高点的速度是多少呢？

◆ 速度分析

为了更容易理解，先看一根杆的运动。如下图，假设 AB 杆的 A 点与地面固定，中点 C 速度为 5 m/s，自然容易看出 B 点速度是 10 m/s。进一步，如果 A 点不与地面固定，但速度仍为 0，中点 C 速度为 5 m/s，那 B 点速度是多少呢？容易看出和前面的答案相同。

注意：如果不先介绍 A 点固定的情况，分析容易出错。

把 AC、BC 看作是车轮中的辐条，所以车轮运动时，正常行驶时与地面的接触点 A 不打滑（速度为 0），最高点 B 速度为 10 m/s。

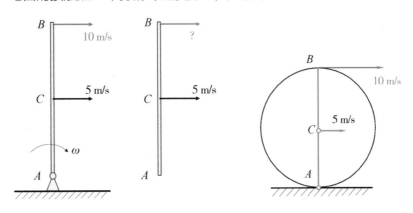

◆ 推论

根据生活经验，物体速度越快，看上去越模糊。右图这张照片是由多张单摆运动合成的，可以看到：单摆运动到最高位置时速度为 0，看上去很清楚；运动到最低位置时速度最大，看不清楚。

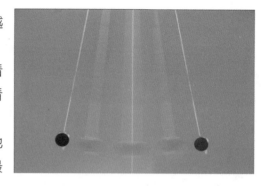

因此从逻辑上分析，自行车运动时靠近地面附近的辐条看上去应该比较清楚，而靠近最高点附近的辐条应该比较模糊。

真的是这样吗？

注意车轮的辐条，你平时看到的现象是否是这样？

作者给学生上课时会现场做一个调查：

（1）曾观察过，就是这样；

（2）曾观察过，但与照片上不一样；

（3）没注意观察该现象。

学生们会很震惊，这时给出如右图另一张照片并提问：你有没有看到过这样的情况？这张照片中自行车的上下辐条都模糊，而车轮中心却看得很清楚。这与前一张照片不是矛盾吗？

其实这两种情况大家都可能看到过，只是没有明确注意到。

怎么解释其中的矛盾呢？

◆ 原理解释

其实，上述这一现象与人眼的生理结构有关系。人的眼睛会自动对焦于我们关注的物体，当物体运动时，头或眼睛会转动使得关注区跟随物体运动。例如，一群人走来，里面如果有一位名人，绝大部分人会不由自主地盯着名人。因此当你看别人骑自行车时，眼睛会不自觉地自动聚焦于人或自行车，这时你会发现人体的边缘比较清晰，这时人眼是转动的，此时车轮中心的相对速度为 0，看起来很清楚。

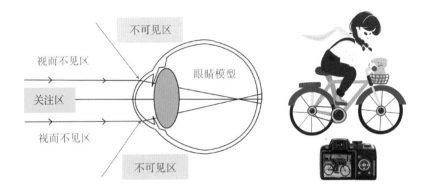

如果有意识地控制眼睛不转动，直视前方，则自行车经过时会发现人的边缘有些模糊，此时车轮底部的相对速度为 0，车轮底部的辐条看起来很清晰。面对运动的物体人们很难控制眼睛不动，但是相机很容易做到：把相机固定不动调好焦距，有自行车经过时按下快门，多拍几张，总能拍到需要的照片。

因此，可以得出这两张照片的拍照方式不同：前一张照片是相机固定不动时拍摄的，后一张照片则是让相机跟随自行车运动、对准焦距后拍摄的。知道拍照的方式不同，矛盾就消失了。

坐火车时的体验

当你坐火车时，是否有这样的体验：

■ 看到窗外物体向后退去。

■ 有时看到窗外某物体在一段时间内（比较短的时间）基本不动。

但是你是否注意到这样的现象：窗外某物体在一段时间内向前运动。下面是一段视频的截图，如果眼睛盯着电线杆（椭圆内），会看到山顶（箭头处）向前运动！原因就是镜头在拍摄时是转动的，以车为参照物，远处的景物（山）向后运动；以近处景物（电线杆）为参照物，远处的景物（山）向前运动。眼睛总是对着电线杆，就会出现这种情况。

小结及点评

哲学上讲的矛盾是事物双方既对立又统一的关系，是事物的客观属性。而表面上的矛盾则不同。自行车照片的矛盾是表面的矛盾，在考虑相机是否运动后就统一了。

照片之间的矛盾可以统一起来，日常生活中矛盾的事物或现象，如果站在更高的角度，也可能会统一起来。

从自行车引出观察与思考的重要性，虽然有"眼见为实"的说法，但是眼睛所看到的现象仍有可能只是事物的表面现象，如果我们要更全面地了解一些事物，除了要仔细观察，同时还需要善于思考。力学中的坐标系相当于看问题的立场，同一件事情从不同的立场来看就会有不同的结论。后面关于地球是否运动的内容，也表明：站在不同立场看问题，结论自然不同。

《论语·为政》中说：学而不思则罔，思而不学则殆。一味读书而不思考，只能被书本牵着鼻子走，就会被书本所累，从而受到书本表象的迷惑而不得其解；一味埋头苦思而不进行一定的学习和知识积累，也只能是流于空想，问题仍然不会得到解决，就会产生更多的疑惑进而更加危险。只有把学习、观察和思考结合起来，才能学到有用的真知。

因此本书按以下特点安排内容：首先是注重观察，发现问题；然后介绍处理问题的具体方法、发明创造的不同思路；最后是动手实践的内容，理论联系实际，展示解决现实问题的创意和方法。

2. 从地心说到日心说——地球在运动吗

人们对地球运动的认识是逐步深入的。

古人开始认为大地静止不动，日月星辰绕着大地运动。这符合日常生活中人们的感受。

现在我们知道：地球在绕太阳公转，简单理解，可以看成是地球中心绕太阳的运动；同时地球还有自转及其他的运动，这些运动比较复杂，人类用了数千年才比较全面地认识到地球运动的真貌。

◆ 中国古代的宇宙模型

宇宙，天地万物的总称。《淮南子·原道训》："纮宇宙而章三光。"高诱注："四方上下曰宇，古往今来曰宙，以喻天地。"

也有记载说，"宇宙"一词最早出现在 2 000 多年前的战国时代，当时一位大学者尸佼（约前 390—约前 330）说："上下四方曰宇，往古来今曰宙。"他非常明确地提出了空间和时间的概念，他的宇宙论对中国文化影响深远，并被沿用至今。

1. 宇宙模型一："盖天说"

"盖天说"被认为是中国古代最早的一种宇宙学说。

《晋书·天文志》认为最早的"盖天说"出现在周代，它把宇宙描绘成"天圆地方"的形象："天圆如张盖，地方如棋局。"而在《周髀算经》中，"盖天说"的描述更具体：大地静止不动，平直的大地呈正方形，每边长八十一万里，天与地之间的距离有八万里，四周下垂，日月星辰在天穹上布列旋转。这一直观而形象的宇宙模型在中国历史上产生过广泛的影响，"天圆地方"的观念也因此深深地融入中国传统文化之中。

但"盖天说"存在一些问题：圆形的天和方形的地怎么衔接？太阳、月亮落下去后跑到哪里去了？当然现在我们知道"盖天说"并不正确，那么为什么古代人类会有这样的看法呢？

首先，人们习惯以大地为基准来判断其他物体的运动，这样大地自然是静止不动的。其次，古代人类活动范围比较小，在平原地区容易感受到"一马平川"，因此容易认为大地是平面，山川只是平地上微小的起伏。

2. 宇宙模型二："浑天说"

"浑天说"是中国古代另一种宇宙学说，这一学说萌芽于战国时代，约公元前 4 世纪《慎子》中最早表述了浑圆的"天"的概念："天体如弹丸，其势斜倚。"在《隋书·天文志》中这一模型被表述为"周旋无端，其形浑浑，故曰浑天"，认为球形的天穹裹着大地。

"浑天说"在汉代成为一种较完备的宇宙学说。张衡（78—139）在《浑天仪注》中，系统地论述"浑天说"的基本思想："浑天如鸡子。天体圆如弹丸，地如鸡中黄，孤居于内，天大而地小，天表里有水，天之包地，犹壳之裹黄。天地各乘气而立，载水而浮。""浑天说"认为所有的恒星，以及日、月、五大行星都在"天球"上运行。"浑天说"形成后在中国盛行了近千年。

◆ "地心说"模型及缺陷

古埃及认为大地是漂浮在水上的；古希腊认为大地之下由支柱支撑；古印度认为大地是驮在大象背上的。这些宇宙模型更多属于一种想法，并没有太多依据。

天文学家托勒密（Claudius Ptolemaeus，约 90—168，生于埃及）在埃及的亚历山大城进行了长期天文观测。当时人们就已经观察到太阳、月亮还有其他一些行星（如水星、金星、火星、木星、土星）每天都在东升西落，认为这些天体都围绕着地球旋转。这是根据观察现象得到的直观结论，于是托勒密就进一步发展了"地心说"（最初由欧多克斯和亚里士多德提出）：地球位于宇宙的中心，其他天体都围绕地球旋转，外层是恒星天。那时候人们普遍相信神灵，于是就把神灵安排在最外面的最高天。

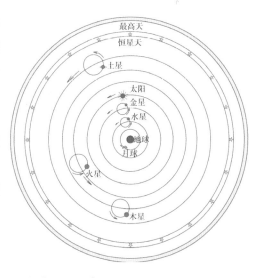

"地心说"是一个关于宇宙的简化模型，基本上可以解释人们所看到的天文现象；更重要的是暗示了地球在宇宙中独一无二的地位，符合宗教的学说，因此这一学说统治了西方天文学近 1 500 年。

总体来说，古代人们认为大地静止不动，日月星辰绕地球运动。

"地心说"看起来很有道理，但是后来为什么被推翻了呢？

一件不起眼的小事件——航海业的发展，改变了天文学的历史

从 15 世纪下半叶开始，商品经济的繁荣促进了航海业的发展，哥伦布（Cristoforo Colombo，约 1451—1506，意大利）、麦哲伦（Ferdinand Magellan，约 1480—1521，葡萄牙）扬帆远航。海上航行需要天文学知识来判定方向，在强大的社会需求推动下，天文观测的精确程度不断提高。

在更仔细的天文观测中，人们发现行星运行中的"逆行"现象比较复杂。行星的顺行或逆行，是指以恒星为参照物观测到的一种行星运动。例如，以天空为背景看火星的运动，某年的 1—3 月份出现了逆行现象（图片为示意图），其他月份则是顺行。"地心说"为了解释"逆行"现象，在圆轮（均轮）上再套一个甚至几个圆轮（本轮），随着观测精度的提高，最后要加几十个圆轮才能吻合。

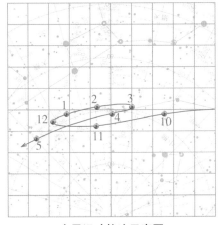

火星运动轨迹示意图

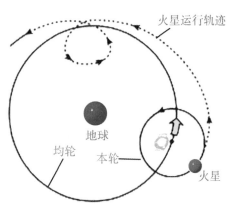

"地心说"解释火星"逆行"现象示意图

在大量实际观测数据面前，处于天文学统治地位的"地心说"开始动摇了。

人们开始怀疑：如果是上帝创造了世界，那么做一个圆轨道就很完美，为什么要用这么多圆做这么复杂的轨道呢？

◆ "日心说"模型的确立

哥白尼（Nicolaus Copernicus，1473—1543，波兰）根据大量天文观测的结果，发现"地心说"有很多缺陷。

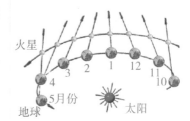

火星在天球上的轨迹

哥白尼按"地心说"计算五大行星的本轮和均轮，竟然发现行星的本轮中心都和太阳轨迹重叠，这意味着五大行星绕太阳运动，太阳再带着五大行星一起绕地球运动。如果换成以太阳为中心，整个体系立即变简单：行星都绕太阳运动，就不需要什么均轮和本轮了。因此他认为，如果把太阳放在宇宙的中心，就要比"地心说"能更好地解释一些观测事实。他冲破宗教统治和"地心说"的束缚，在《天体运行论》中提出了"日心说"。受宗教因素影响，他死后该书才得以出版。

按照"日心说"，太阳为宇宙的中心，行星、恒星在各自的圆轮上绕太阳运动。这一学说自然解释了行星运行中的"逆行"现象，根本不需要多余的假设。

众多天文学家的"日心说"理论

其实早在公元前3世纪，就有天文学家提出了"日心说"。其理由是：太阳是光的来源，应当在宇宙的中心。但这一学说在当时因没有更多证据而被淹没在大量的学说之中。

布鲁诺（Giordano Bruno，1548—1600，意大利）于1584年在"日心说"的基础上进一步提出：宇宙是无限的，恒星都是遥远的太阳，太阳只是无数个恒星中的普通一员。新理论的传播需要付出血的代价：布鲁诺由于广泛宣传"日心说"，反对经院哲学，于1600年被罗马宗教裁判所判处火刑。

哥白尼的书出版以后很长时间，并没有引起公众的重视。一方面是由于教会的压制，另一方面是其缺乏实际的证据，只是一种理论。

17世纪望远镜的发明改变了"日心说"的处境。伽利略（Galileo Galilei，1564—

1642，意大利）亲手制作了几架望远镜来观测天体，当他观测木星时，发现木星周围有几个非常明显的亮点，而且这些亮点的位置还在不断移动，于是他立刻意识到这几个亮点是木星的卫星（围绕木星而非地球运动），木星及其卫星类似一个缩小了的太阳系；另外伽利略发现了金星的盈亏现象，这表明金星不会发光，同时金星的盈亏变化不同于月球，从而推断出金星绕太阳旋转。在发现了这些重要的观测事实以后，伽利略认为哥白尼的"日心说"是正确的。

伽利略用观测事实说明"日心说"是正确的，这样就等于否定了教会的教义。于是教会认为再也不能漠视哥白尼和伽利略的学说，便有了教会对伽利略的审判（1992 年，伽利略在蒙冤 360 年后终于获得平反，教皇说当年处置伽利略是一个"善意的错误"）。

伽利略用望远镜发现了木星的卫星，发现了金星的圆缺现象，他用最有力的证据推翻了"地心说"。这说明，任何一种科学理论必须有观测或者试验的证据来支持，这种观测或试验的证据是最有力的，而纯理论上的证据有时还不足以有说服力。

◆ 地球本身的运动很复杂

"日心说"明确了地球绕太阳运动，而地球本身的运动将更复杂。

我们可以看到太阳、月亮和星星东升西落，但这并不能真正证明地球在自转。由于运动是相对的，从运动学的角度很难证明地球的自转。

如果承认地球绕太阳运动（公转），一年转一圈，但我们每天看到太阳东升西落，那地球必定还有自转。逻辑上如果地球只有公转而没有自转，就会出现某地半年是白天，半年是夜晚的现

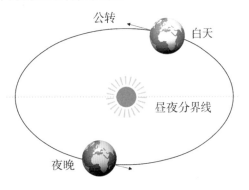

象，这不合理，因此地球必须有自转。

注意：这只是逻辑上的证明，科学需要可以观测到的现象或证据。

1. 地球的自转

从运动学的角度证明不了地球自转，但是从动力学的角度可以证明。

傅科（Jean Bernard Léon Foucault，1819—1868，法国）利用单摆的运动证明了地球自转。

设想单摆悬挂在一个平台上，单摆应该在平面内运动，如果平台没有自转，则单摆在平台底座的投影应该是直线。如果平台转动起来，投影就不会是直线。

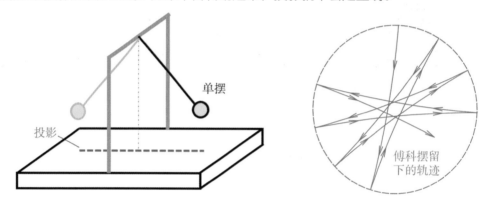

傅科把单摆悬挂在教堂顶上，摆锤运动时可以在地面沙子上留下痕迹。结果发现，划痕不是直线而是某种曲线，这说明地球在转动。傅科摆的运动是可以观察和测验的，它证明了地球在自转。在北京地区（纬度约 40°），摆在平面内转动一圈大约需要 37 小时，说明地球自转是很缓慢的（24 小时自转一圈）。

2. 地球自转轴的运动：进动

根据天文学知识，地球除自转外，地轴本身也在惯性空间中运动，如同一个大的陀螺。

地球不是一个真正的球体，地球表面和内部物质的分布时刻在变化，此外受各行星引力的影响，因此地球的自转轴会产生缓慢的运动。

地轴运动的证据是天文学中的"岁差"现象，即春分点沿黄道向西缓慢进动（速度每年50.2″，约 25 800 年运行一周）而出现回归年比恒星年短的现象。

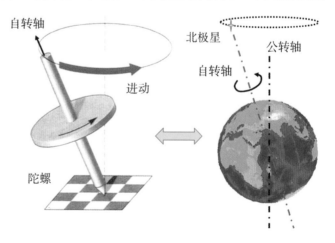

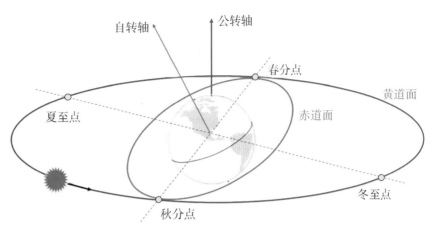

从地球上看，太阳在黄道面内运动，黄道和赤道有两个交点，称为春分点和秋分点，在黄道面内与之垂直的两点称为夏至点、冬至点。

如果地球自转轴不动，则春分点、秋分点不会变，从而冬至点也不会变化，每年冬至就不会提前。

公元前 2 世纪，天文学家喜帕恰斯（Hipparchus，约前 190—前 125，古希腊）在编制一本包含 850 颗恒星的星表时，首次发现了岁差现象。

中国晋代天文学家虞喜（281—356）根据对冬至日恒星的中天观测，也独立地发现了岁差现象。《宋史·律历志》记载："虞喜云：尧时冬至日短星昴，今二千七百余年，乃东壁中，则知每岁渐差之所至。"

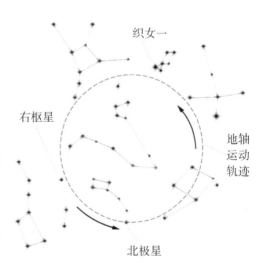

"岁差"这个名词即由此而来。

牛顿（Isaac Newton，1643—1727，英国）第一个指出产生岁差的原因。在力学中，扰动力矩会产生旋进，即进动（进动指自转轴的运动，见后文"自旋一定稳定吗"），地球的岁差实际上就是进动现象（岁差和进动在英文中都是 precession）。

地轴运动的一个结果是：北极星在不断变化。

5 000 年前古埃及人盖金字塔时，当时的北极星是右枢星。现在的北极星是小熊座 α 星。预计到公元 14000 年前后，天琴座 α 星（织女一）将获得北极星的美名。

3. 地球自转轴的运动：章动

地球自转轴在做旋进运动的同时，还伴随有许多短周期变化。天文学家布拉德莱（James Bradley，1693—1762，英国）在 1732 年分析了 20 年恒星位置的观测资料后，发现了章动现象。

章动就是地球自转轴与公转轴之间的夹角在 23.5° 的基础上有微小的"点头"运动。章动的周期很复杂，主周期为 18.6 年，其变化幅度为 9″（角度，1° =60′，1′ =60″）。

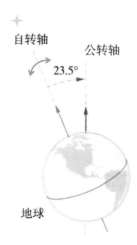

从地球上看，北极星做一个小幅度的摆动，周期为 18.6 年左右。由于恒星的相对位置几千年才有微小的变化，由此反推北极星的这种短周期变化是由地球自转轴的运动引起的。

为什么地轴的这种"点头"运动叫"章动"呢？

"章动"英文是 nutation，是从拉丁文"点头"一词而来，翻译成中文为什么是"章动"呢？注意到地轴的这种"点头"运动周期为 18.6 年，约为 19 年。而在中国古代历法中，每 19 年为 1 章，因此地轴的这种周期运动就叫作"章动"，对应的角度就叫章动角。

西汉末年的刘歆所撰的《三统历谱》中，以 19 年为 1 章，81 章为 1 统，3 统为 1 元。

公元前 5 世纪，中国制定"古六历"，定回归年及朔望月长度，并采用"19 年 7 闰月法"的置闰法则。此置闰法则与天体运动有关：月亮平均盈亏周期为 29.530 6 日；地球公转平均周期为 365.242 2 日。

$$365.242\ 2 \div 29.530\ 6 = 12.368\ 26\ （月）$$

一年过了 12 个月后还多出了 0.368 26 个月；又因为 0.368 26×19=6.996 94 比较接近整数 7，即 19 年之后会多出 7 个月。这就是 19 年 7 闰的由来。

地球自转轴的章动带来一个有趣的现象：平均每 19 年阳历与阴历所对应的日子会重合一次（由于 18.6 不是整数，有时差 1 天）。例如，2000 年 2 月 5 日是大年初一，19 年后的 2019 年 2 月 5 日也是大年初一。

地球的运动

地球主要包含了四种运动:地球绕太阳的公转(周期1年);地球绕地轴的自转(周期24小时);地轴的章动(主周期18.6年);地轴的进动(周期约25 800年)。地球的运动很复杂吧!

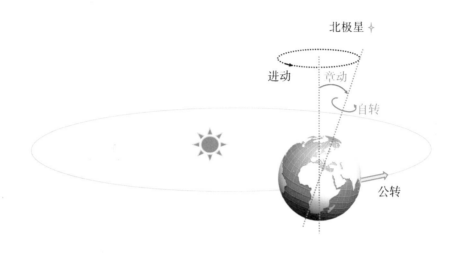

小结及点评

"地心说"是站在地球上观察的结果,"日心说"是跳出地球思考的结果。"地心说"主观性更强,"日心说"更符合客观事物的规律。"不识庐山真面目,只缘身在此山中",这表明跳出事物本身看问题的重要性。

从人类认知的角度,这是真正"翻天覆地"的变化(太阳、地球换了位置)。"日心说"动摇了宗教的根基,解除了人们思想的禁锢。从这个意义上说,哥白尼提出"日心说"是近代科学革命的起点。

"日心说"的诞生是自然科学发展史上的重大事件,引发了人类观念的巨大变化,掀起了天文学史上的一场革命,揭开了近代科学向宗教神学开战的序幕。"日心说"证明,被教会奉为教条的"真理"也是可以怀疑的;"日心说"对近代科学的思维方法有重要的贡献,它不再以教条作为依据,而是以观察作为手段来认识世界。从哥白尼开始,近代科学开始大踏步地前进。

3. 重新发现开普勒定律——数据中隐藏着规律吗

　　科学探究能力体现在：理解科学探究的一般过程和方法；提出科学问题，并针对科学问题进行合理的猜想与假设；制订计划并搜集证据，分析证据并得出结论；对结果进行解释与评估；准确表达观点、反思探究过程与结果。

　　这里着重介绍如何根据证据（数据）进行分析并得出结论，从数据挖掘的角度，看看如何利用数据发现开普勒定律。

◆ 圆锥曲线

　　科学的发展与数学密不可分，数学是科学的得力助手和工具。为此先简单了解一些数学的发展。

　　2 000 多年前，古希腊数学家开始研究圆锥曲线，并获得了大量的成果。阿波罗尼斯（Apollonius，约前 262—前 190）采用平面切割圆锥的方法来研究圆、椭圆、抛物线这几种曲线，它们可以通过不同的角度切割圆锥得到，统称为圆锥曲线。

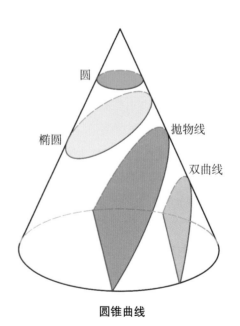

圆锥曲线

以椭圆为例，其中：O 是椭圆的中心，F_1 和 F_2 是椭圆的焦点，a 是半长轴（semi-major axis），b 是半短轴（semi-minor axis），p 是半通径（semi-latus rectum），e 是离心率（eccentricity），也称偏心率。当离心率为 0 时，轨迹为圆。

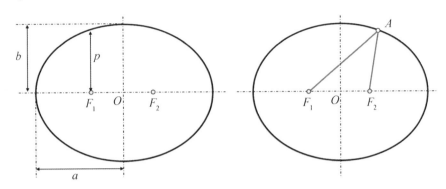

我们很难说出那个时代研究圆锥曲线有什么具体用处。但古希腊数学家认为其中蕴含着自然的美和奥秘，值得研究。

如上右图，椭圆有一个特点：平面内有两固定点 F_1、F_2，若动点 A 与两固定点距离之和等于常数，则动点 A 的轨迹是椭圆，固定点为焦点。椭圆离心率 $0 < e < 1$。

根据椭圆的特点，可以用两个大头针固定，把细线两端系在大头针上，让铅笔挨着绷紧的细线，保持铅笔垂直并移动，就可以画出椭圆。

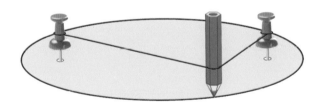

◆ 圆锥曲线在天文学中的应用

托勒密根据人们长期观察的天文现象和日常经验，提出了"地心说"（详见"地球在运动吗"）。"地心说"是一个关于宇宙的简化模型，用到了圆的概念。

哥白尼提出了"日心说"：太阳为宇宙的中心，行星、恒星在各自的圆轮上绕太阳运动。

第谷·布拉赫（Tycho Brahe，1546—1601，丹麦）在 20 年间积累了大量行星运动的资料，十分详细且准确地记录了观测数据。开普勒（Johannes Kepler，1571—1630，德国）作为第谷的助手，在运用数学工具分析处理行星运行资料时，发现火星的实际位置与哥白尼的理论相差 8′。那么 8′ 有多大？满月时月亮的视角约为 31′，即 8′ 约为 1/4 个满月的视角。

在深入分析计算的基础上，开普勒于 1609 年归纳出第一定律（椭圆轨道定律）及第二定律（面积定律）。此后，开普勒又用了 9 年时间总结出第三定律（调和定律）。

开普勒三定律

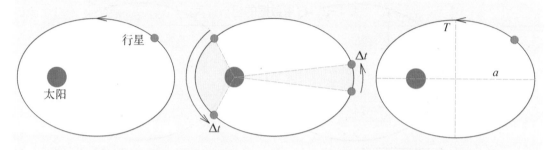

（1）椭圆轨道定律：所有行星绕太阳运动的轨道都为椭圆，太阳位于椭圆的一个焦点上。

（2）面积定律：行星与太阳中心的连线在相同的时间内扫过的面积相等。这意味着行星距离太阳越近则运行速度越快，距离太阳越远则速度越慢。

（3）调和定律：行星轨道的半长轴（a）的三次方与公转周期（T）的二次方成正比。这意味着，行星距离太阳越远，则公转周期越长。

按照哥白尼的理论，火星的轨道应是圆。开普勒则发现其应该是椭圆，由此导致观察结果与哥白尼理论的误差。

◆ 开普勒定律及可能的发现模式

开普勒是怎么发现这些规律的？8′ 的差异绝不是观测的失误，那个时代还几乎没有科学理论和依据，只是他觉得行星运动应该有某种规律。

我们并不清楚开普勒的具体发现过程，但是可以合理猜测：如果他把观测到的行星运行数据进行各种组合运算，就可以发现某种规律。

以当时已知的部分行星数据为例，表 1-1 中列出了几个行星的数据，其中行星运行周期（T）的单位是年，轨道半长轴（a）采用天文单位（astronomical unit，AU，指太阳和地球之间的距离，约 1.5 亿 km）。

可以看出周期 T、半长轴 a 本身没有什么规律。

表 1-1 行星数据

行星	水星	金星	地球	火星
T /年	0.234 25	0.615	1.000	1.881 4
a /AU	0.38	0.72	1.00	1.52

尝试对这些数据进行一些组合计算（表 1–2），看看算出的结果是否有什么规律。结果发现大部分计算结果并没有规律，但是最后一行算出的结果非常接近常数 1（误差小于1.5%），考虑到实际观测数据总会有误差，这一结果就显得很有规律了。

表 1–2　行星数据的组合计算

行星	水星	金星	地球	火星
$T \times a$	0.089 0	0.442 8	1.000 0	2.859 7
T/a	0.616 4	0.854 2	1.000 0	1.237 8
T^2/a	0.144 4	0.525 3	1.000 0	2.328 7
T/a^2	1.622 2	1.186 3	1.000 0	0.814 3
T^3/a^2	0.089 0	0.448 7	1.000 0	2.882 4
a^3/T^2	1.000 0	0.986 8	1.000 0	0.992 1

利用组合计算可以发现行星运行的调和定律规律：$a^3/T^2 \approx 1$，即行星轨道半长轴的三次方与公转周期的二次方成正比。

至于为什么是这样的结果，开普勒当时并不清楚，要等到牛顿得出万有引力定律后，才能解释其背后的原因。但重要的是，按这种模式可以发现一些潜在的规律。这就是科学家特别重视实验数据的原因：实验数据之中隐藏着某种自然规律，通过适当的数据处理，可以找出这一规律。

发现了规律，再慢慢找出规律背后更深刻的道理。

◆ 数据处理方法的迁移

按照前面的思路，不妨来处理物体下落的问题。可以测出不同时刻 t（s）物体下落的距离 s（m），假设数据如表 1–3 所示，把数据进行加减乘除运算，看看是否会得到常数（或非常接近常数，因为存在干扰误差，或计算的舍入误差），如果得到，就表明存在一种规律。类似开普勒的组合计算方法，结果发现表 1–3 中的数据按 s/t^2 计算时很有规律（具体计算略），获得 $s = 4.9\,t^2$。

表 1–3　落体的时间和距离关系

时间 /s	0.05	0.1	0.15	0.2	0.25	0.3	0.35	0.4	0.45
距离 /m	0.012 3	0.049 0	0.110 3	0.196 0	0.306 3	0.441 0	0.600 2	0.784 0	0.992 3

学过物理的同学知道，重力加速度 $g = 9.8 \text{ m/s}^2$，因此很容易猜测落体的公式为 $s = \dfrac{1}{2}gt^2$（实际也正是这一结果）。这表明，即使事先不清楚某种规律，但是通过设计实验，对数据进行适当的处理，完全可能发现这一规律。

通过这种模式，可以处理很多未知问题并发现规律。当然可以理解，测量误差大可能干扰结果，所以科学探究中对数据精度要求很高。

小结及点评

通过开普勒定律的模拟发现过程，可以发现数据中隐藏着系统的某种规律，通过适当的组合计算，可以找出规律。这其实是一种研究方法，后面寻找落体运动规律证明这一方法有效。

1. 方法要点

发现科学规律的方法很多，当年开普勒、伽利略、牛顿等科学家常用的方法要点是：

（1）进行相关的实验，观察获得大量有关自然现象的经验事实、数据（事实）。

（2）对经验事实、数据进行归纳推理，概括出一般性的科学原理（归纳＋演绎）。

（3）检验所得结论的正确性（验证）。

（4）根据这些科学理论去说明自然现象，或者预测新的现象（推广）。

2. 模式特征

这种科学探究过程模式的特征是：

（1）强调"经验事实"。培根认为，知识并不是我们推论中的已知条件，很多证据需要在实践中获得。

（2）强调"归纳"的认识作用。培根指出，要首先收集事实，然后再用归纳推理手段从这些事实中得出结论，科学研究基于归纳方法。

（3）可能需要多次反复迭代，才能逐步发现合理的结论。

4. 现象与本质——苹果砸到牛顿了吗

简要回顾天文学发展的历史，探寻万有引力定律的发现历程，将对我们的学习大有裨益，发人深思，给我们以启示。

万有引力定律的发现是牛顿的重大贡献之一。牛顿在研究力学的过程中发明了微积分，发现了牛顿第二定律，又在开普勒三定律的基础上运用微积分推导出了万有引力定律。

◆ 历史背景

开普勒归纳出行星运动三定律，发现行星的运行轨道是椭圆。但为什么是椭圆轨道，尚未解释。

牛顿认为一切运动都有其力学原因，开普勒定律的背后必定有某个力学规律在起作用。他以微积分（当时称流数法）为工具，在开普勒三定律和牛顿第二定律的基础上，演绎出所谓万有引力定律：

$$F = -\frac{Gm_1m_2}{r^2}$$

即太阳与行星间作用力 F 的方向沿太阳和行星连线方向，指向太阳（负号）；大小与太阳到行星间距离的二次方成反比；比例系数是绝对常数。

从上述历史背景可以看出，万有引力定律的发现是牛顿在大量前人工作的基础上推出来的，而不是仅凭苹果砸在头上就能洞察自然的奥秘。

虽然苹果可能并未砸到牛顿头上，但牛顿创造性地猜想吸引苹果落地的力与牵引月球围绕地球运动的力是一致的。

牛顿猜测：如果苹果与月球都是受地球的引力，则苹果下落的规律与月球绕地球的运动规律应该相同。

◆ 分析的过程

严格推导万有引力定律，需要微积分方面的知识。但是我们利用中学知识中三角形相似关系，结合一些当时就知道的事实，也可以得出重要结论。

1. 基本事实

事实 1：早在古希腊时代，喜帕恰斯就用三角学测量法，粗略得到地月距离约为地球半径的 60 倍。而月球公转周期很容易测出，为 27 天 7 小时 43 分钟，约等于 39 343 分钟（min）。

事实 2：在伽利略时代，已经测出物体从静止开始 1 秒（s）内下落距离是 4.9 m，且下落的距离与时间的二次方成比例（见上一篇落体问题中有 $s = \dfrac{1}{2} gt^2$），相当于 1 min（60 s）内下落的距离为 4.9×60^2 m。这里选 60 s 是为了后面计算方便。

2. 理论预测

根据万有引力公式，力与距离的平方成反比，牛顿第二定律显示加速度与力成正比，因此加速度与距离的二次方成反比。根据事实 1，地月距离约为地球半径的 60 倍，则地球表面苹果下落的加速度是月球加速度的 60^2 倍。

根据事实 2，苹果 1 min 内下落的距离为 4.9×60^2 m，则月球绕地球运行时，理论上预测月球每分钟下降 4.9 m。

3. 补充几何知识

为了把理论预测与实际观察结果进行比较，需要利用三角形相似的比例关系。

假设有 $\triangle ABC$，边长分别是 a、b、c，对应的角度分别是 α、β、γ。现在把 $\triangle ABC$ 各边按比例放大 k 倍得到新的 $\triangle A'B'C'$，很容易看出新三角形的角度并没有变化，这两个三角形外形相似，表示为 $\triangle ABC \backsim \triangle A'B'C'$。

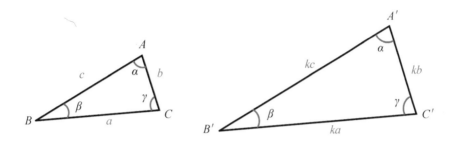

对于两个相似三角形，对应的边长成比例，自然有

$$\frac{A'B'}{AB} = \frac{B'C'}{BC} = \frac{A'C'}{AC} = k$$

4. 观察结果

月球运行时实际的下降距离可以根据已知的月球轨道半径和周期算出（根据直接观测结果进行计算）。假设 O 是地球球心，月球 1 min 内从 A 运动到 B，BC 垂直于 AO，AC 的距离就相当于月亮"坠落"的距离。

由几何知识可知，$\triangle ABC \backsim \triangle BDC$（容易证明这两个三角形的对应角度相等），因此对应边长成比例，有

$$\frac{AC}{BC} = \frac{BC}{CD}$$

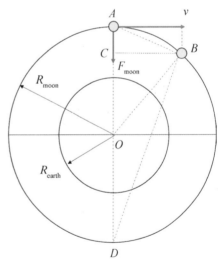

注意：1 min 与月球运行周期（$T = 39\,343$ min）相比是小量，这时 AC 相对于 AD 是小量，线段 CD 与 AD 长度近似相等，线段 BC 与线段 AB 及圆弧 AB 长度近似相等，因此近似有

$$AC = \frac{BC^2}{CD} \approx \frac{AB^2}{AD} = \frac{(2\pi R_{moon}/T)^2}{2R_{moon}} = \frac{2\pi^2 R_{moon}}{T^2}$$

代入数据，有

$$AC = \frac{2\pi^2 R_{moon}}{T^2} = \frac{2\pi^2 \times 384\,401 \times 1000}{39\,343^2} = 4.902\,1 \text{ (m)}$$

牛顿计算后发现理论预测值与观察计算结果惊人地符合，从而意识到地面上的苹果和

天空中的月球遵循相同的运动规律。

小结及点评

苹果落地、月球绕地球运动都是表面现象，但是透过现象，牛顿发现了世界万物受同样的自然法则支配的事实，使人类认识自然达到了新的高度，这是科学发展的重要里程碑。

万有引力定律成功地解释了很多自然现象，也为其后一系列的观测和实验数据所证实，成为物理学中的一个基本定律。

万有引力定律的发现，是科学发现的一种模式，包含了大量的思维方法、研究方法。其中实验与数学相结合的科学方法彻底敲开了科学的大门，给后世科学家的探索发现指明了方向。

牛顿在《自然哲学的数学原理》一书中，从研究事物的方法论角度集中介绍了几种科学方法：

（1）实验—理论—应用的方法。从实验中获得理论，在实践中应用理论。

（2）分析—综合方法。从结果到原因，从特殊原因到普遍原因，是分析的方法；用原理去解释现象，并证明这些解释的正确性，是综合的方法。

（3）归纳—演绎方法。用归纳法获得普遍的结论，即得到概念和规律，然后用演绎法推演出种种结论，再通过实验加以检验、解释和预测。

（4）物理—数学方法。物理学范围中的概念和定律都可以用数学表达，用数学的思维，逻辑地、定量地演绎出范围很广的现象并且同经验相符合。

纵观历史，"地心说"与实际有偏差，成为宗教的工具；"日心说"是人类认识上的一次革命，但与客观实际仍有偏差；开普勒定律揭示了自然现象的规律，不过仍停留在现象层面；万有引力定律揭示了自然现象的本质，具有普遍意义。

牛顿自己说："如果说我看得比别人更远，那是因为我站在巨人的肩膀上。"

实际上，如果没有古希腊数学家对圆锥曲线的研究，如果没有哥白尼的宇宙模型，如果没有第谷的大量观察，如果没有开普勒发现的行星运动三定律，如果没有牛顿发明

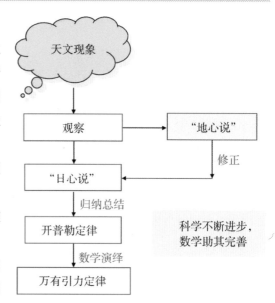

的微积分，如果没有牛顿第二定律，就没有万有引力定律的发现。

牛顿是集大成者。在牛顿之前，力学和天文学都是由很多零散的知识汇集的学科，而牛顿使之成为系统的学科。

爱因斯坦（Albert Einstein，1879—1955，德国）说："西方科学的发展是以两个伟大的成就为基础：希腊哲学家发明形式逻辑体系（在欧几里得几何中），以及（在文艺复兴时期）通过系统的实验发现有可能找出因果关系。"在万有引力定律发现的过程中，第谷、开普勒的观察是一种系统的实验，从开普勒定律证明万有引力定律采用了严格的逻辑体系。

爱因斯坦的话其实也回答了李约瑟（Joseph Needham，1900—1995，英国）之问。李约瑟在其编著的《中国科学技术史》（7 卷 34 分册）中提出疑问："尽管中国古代对人类科技发展做出了很多重要贡献，但为什么科学和工业革命没有在近代的中国发生？"

5. 辛勤的蚂蚁——1+1=？

1+1=？，如果你认为答案是 2，那么你的思维就需要扩展了。在数学中 1+1=2 没有异议，但是在其他领域呢？

生活中我们会接触到很多情景，它们都可以用具体的数值来表示数量。例如，今天气温是 20℃，桌上有 2 根油条，教室中有 30 张桌子，考试时长是 1 小时等。

但是在生活中还有另外一些情景，只用大小无法表示其全部信息。例如，你出门走了 100 步，但你父母并不清楚你在什么位置，因为他们不清楚你出门后是左转还是右转。

为了便于区分，人们把只有大小的量称为标量，而既有大小又有方向的量称为向量或矢量。向量，顾名思义是有方向的量；矢量中的矢就是古代的箭，箭头表示了方向。

为了和标量相区别，矢量可以用粗体或符号上面加箭头表示，如 a 或 $\vec{a}$。

在生活中位移和力就要用大小和方向来描述。

◆ 矢量加法

当我们走出家门，向前走 100 m，再向左走 100 m，结果距离家门并不是 200 m。这时需要新的加法规则：两个矢量相加得到一个新的矢

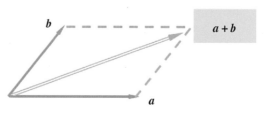

量，其大小和方向是以两矢量为边的平行四边形的对
角线。

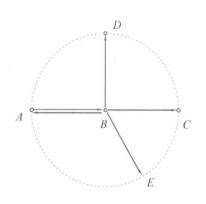

设想小明从 A 沿水平直线向右走了 100 m 到 B，
然后决定从 B 再沿直线走 100 m，但是方向任意。如
果他继续走可能到达 C 点，也可能原路返回到 A 点，
或到 D 点、E 点。总之他可以到达的位置在一个圆上，
该圆以点 B 为圆心，以 100 m 为半径。

位移是这样，力的叠加也是这样。

如果有多个力相加时，可以把各个力首尾相连，
然后把第一个力的起点与最后一个力的终点相连，就是所有力的叠加结果（前提是不考虑
力带来的变形）。这种力的叠加方法称为力的多边形法则。

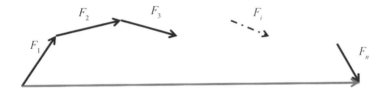

◆ 南辕北辙

从甲地到乙地，除了距离，还有方向。"南辕北辙"这个成语就体现了方向的重要性。
"南辕北辙"出自西汉刘向的《战国策·魏策》，比喻行动和目的正好相反。

战国时期有人驾着马车要去楚国，路上他遇到一人并攀谈起来，路人得知他要去楚国
时大吃一惊，问他："楚国在南方，你怎么朝北走啊？这样走，什么时候能到楚国呢？"这
人不慌不忙地说："没关系，我的马跑得快，不愁到不了楚国。"路人提醒他："这样走

会离楚国越来越远的。"这人指指自己的行李说："我带的路费、干粮很多，能用好多天，路远不要紧。"路人见这人如此糊涂，无可奈何地摇摇头，叹了口气。

以上是魏王准备攻打邯郸，季梁劝阻而讲的"南辕北辙"的故事，并劝魏王说：大王想建立霸业，应当通过诚信树立威望，取得天下人的拥护，然而依仗军队去攻打邯郸，这样的行动越多，那么距离大王的事业无疑是越来越远。

◆ 辛勤的蚂蚁

当我们形容蚂蚁时，总是会说"辛勤的蚂蚁"，因为当你看到蚂蚁时，它总是在忙碌着，不是在搬运食物回巢，就是在寻找食物的路上。

单个蚂蚁都是大力士，通常可以举起超过自己体重100倍的物体，作为对比，人类举重冠军很难举起超过自己体重3倍的重物。

需要帮忙吗？

但蚂蚁是群居动物，发现食物后蚂蚁通常会一拥而上，各自咬住食物拼命拖着走。从人类的视角看，每只蚂蚁都在用力，但是力的方向四面八方都有，相互抵消了不少，导致物体移动缓慢；如果蚂蚁数量少一些但方向一致，反而可以更快速地拖动物体。

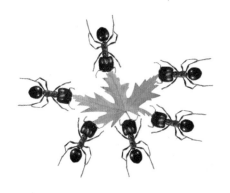

怎么我们速度还快些？

为什么我们一起上反而拖不动呢？

这是困惑了我们亿万年的问题！

◆ 寓言故事

克雷洛夫（Ivan Andreevich Krylov，1769—1844，俄国）写了《天鹅、大虾和梭鱼》这篇寓言。天鹅、大虾和梭鱼一起拉车，三个家伙共同使劲，但小车几乎不动。

原来天鹅向上用力，大虾一步步往后拖，梭鱼又朝着池塘方向拉去，它们用尽力气却收效甚微。

利用力的多边形法则，很容易看出来，天鹅、大虾和梭鱼的合力（红色）反而比它们三者的力都要小。

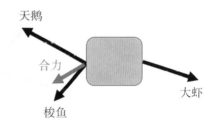

也就是说，可能某一个动物单独就可以拉动小车，但是多个动物同时施力时，由于方向没有控制好，小车反而不动。

✐ 小结及点评

了解生活中不同的量，有些量只有大小，有些量需要大小和方向才能确定，如位移和力这样的矢量。正因为矢量涉及大小和方向，所以它们叠加的结果，并不一定是 1+1=2。

"南辕北辙"是与方向有关的寓意，很有启发意义。古代明智的政客为了劝阻君主，并不是直接批评或反驳，而是用富有启发意义的寓言，用更长远的利益来打动君主。这种智慧直到今天仍值得我们学习借鉴。

蚂蚁的故事告诉我们，不能只是埋头做事，有时也需要考虑其中的道理，关注前进的方向。

克雷洛夫天鹅、大虾和梭鱼的寓言与蚂蚁的故事异曲同工，更强调团队合作的重要性。不是众多的个体集合在一起就自然有力量，如果团队不能协调一致，就容易导致内耗，大家都很辛苦，且劳而无功。

寓言是现实社会现象的反映，寓言中的困境值得我们思考，也需要我们想出解决的方法。当我们知道矢量的特点，知道矢量相加的法则，自然就容易提出解决方案。

更进一步来说，如果考虑问题不是只有一个维度，而是有多个维度，也许很多困难就会迎刃而解。例如，在道路交通中，地面交叉的路口（平面问题）容易出现拥堵，但是立交桥一定程度上避免了交叉路口的拥堵（空间问题）。

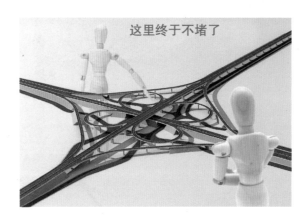

这里终于不堵了

近来流行的"降维打击"一词，也从一个侧面反映了高维度的重要性。

6. 时间与方向——知识如何转换为能力

经常能见到报道，有人在野外迷路了。

在野外迷失方向是一件危险的事，但如果你有一定的知识，是有可能自救的。

如果是白天迷失方向，可以利用太阳确定方向。如果是晚上，可以利用月亮或星星确定方向。理解了一些自然规律，就很容易知道时间、位置、方向是有某种关联的。

◆ 太阳位置与时间的关系

以白天为例，可以利用机械手表根据时间和太阳的方位确定方向。

根据常识：（北京附近）太阳每天中午 12：00 时在正南方向，如果这时把手表的时针对准太阳，则数字"12"也指向南方。

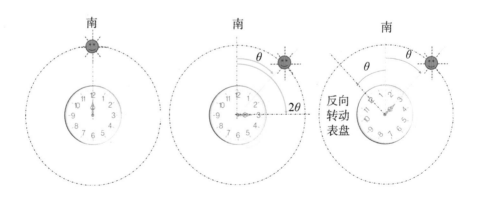

注意：时针转动的角度是太阳运行角度的 2 倍。如果太阳向西运行了 θ，手表的时针则转动 2θ。

这时如果把手表反向转动 θ，使时针对准太阳，可以看出：时针与数字"12"夹角的平分线就是正南方向！是不是很简单？

　　思考： 新疆地区与北京有2小时的时差，在新疆我们该如何确定太阳位置与时间的关系？

◆ **实际操作**

　　前面是理论上的分析，实际操作时精度怎样？具体应如何操作呢？

1. 立直杆方法

　　若在水平地面上垂直插一根细杆 AB，设影子为 AB'。把手表放在水平面内，让时针对准影子，则时针与"12"夹角的平分线指向南方。

　　这种方法存在较大误差（具体计算略，有兴趣的读者可以自行分析）。

　　误差产生的原因是：当太阳匀速运动时，AB 杆的投影并不是匀速转动的，具体与季节和当地的纬度有关。

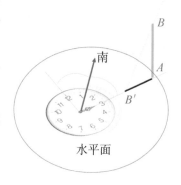

2. 日晷方法

　　类似日晷一样放置手表。

　　很多地方都有日晷，故宫和清华大学里面就有日晷，经常有大量游客在那里拍照。作者曾经问学生，清华的日晷是如何放置的？很多学生一时回答不上来。

　　日晷该如何放置？有什么道理？在不同季节误差大约是多少？……

　　如下图，这是作者在英国牛津拍摄的垂直墙面上的日晷，可以看到日晷刻度明显不均匀。

　　可以让学生通过实际观察或试验，找到影子匀速转动的条件。先做出日晷，但是晷面与底盘的角度待定。然后调节角度，观察记录影子是否匀速转动。可以想象，如果晷面放在水平面内，晷针的影子不是匀速转动的。如果要生产日晷，不可能让日晷的晷面水平放置，因为每地的日晷刻度都不同！

因此，需要找到一种模式，让影子能够匀速转动，这样各地的日晷刻度都相同。

问题：这样的模式怎么找到？

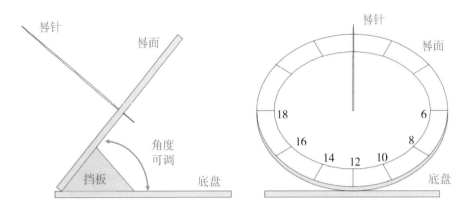

日晷在太阳视运动轨道平面内时，晷针垂直于太阳视运动轨道平面，阳光与晷针垂直，影子匀速运动。

问题：太阳视运动轨道平面与当地纬度（用 φ 表示）是什么关系呢？

太阳视运动轨迹每天都在变化，平均之后约是春分时的轨迹。

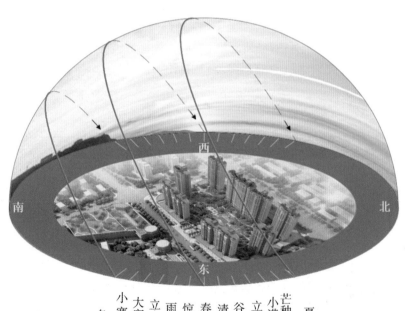

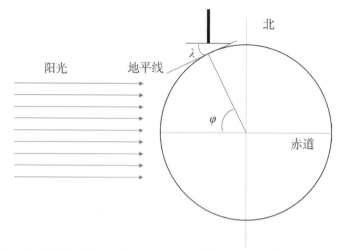

春分时阳光直射赤道。此时如果让晷针与阳光垂直，则晷针与地球自转轴平行，晷面与当地水平面角度是 $\lambda = 90° - \varphi$（因此北京与广州的日晷放置角度就应该不同）。

可以得到一个重要结论：如果晷盘是均匀的刻度，则晷针要与阳光垂直，且理论上每年只有 2 天是准确的！

问题：日晷一年中平均的时间准确了，如何让日晷每天都准确？

◆ 野外方向的确定

下面是设想几个朋友去野外游玩的情景，你能否根据他们提供的照片辨别出方向？

几个朋友晚上在草原上搭帐篷准备过夜。月明星稀，小李拍了一张照片（曝光时间不太长，星星就不会明显可见），照片中有帐篷和月亮。在这张照片中，哪个方向最可能指向西方？

照片 1

晚上，草原的星空繁星点点，小王另外找一个地方支起三脚架，经过长期曝光后，拍出的照片如下。在这张照片里，星空看上去是一些同心圆，则圆心的方向指向什么方向？

照片 2

第二天大约上午 9 点，他们进入大草原深处，手机收不到信号了，小王正在找手机信号时，被小李拍了一张照片。在这张照片里，南方最可能是哪个方向？

照片 3

参考解析

第 1 张照片，从月相（月亮明显的部位及方向）上看，接近农历初六。由于月亮明亮的部分大致朝向太阳，因此面对照片时，西方最可能在右手边（正对着的方向是南方）。你可能会说是农历二十三左右，月相也大致是这样，但其实下半月的月相出现在后半夜，与文字背景（准备过夜）不符。

第 2 张照片，同心圆的圆心是北极星，指向北方。由于地轴基本指向北极星，因此地球自转导致星空绕地轴反转，北极星在轴线上，长期曝光时，其他明亮的星星形成一个圆圈。

第 3 张照片，由于太阳东升西落，大致方向是从左向右运动（如果面向北方，就看不见太阳）。同时参考太阳高度角，上午 9 点时太阳升起不久，然后要向右边运动，因此小王面对的方向，最有可能是南方。

✎ 小结及点评

知识就是力量，前提是能利用知识解决面对的问题。

在野外迷路，若能把一些简单的知识或常识（如太阳东升西落，月亮明亮的部位朝向太阳等）利用起来，就容易找到方向。

另外，时间与方向不是独立的，它们存在着密切的关系，了解这一点在野外是很有帮助的。

在日晷问题中，其实还包含着另外更深刻的道理。很多学生包括科学老师认为日晷做起来很简单，一个圆盘（晷面）放在地面上，中间立一根杆（晷针），然后在阳光下标注杆的影子。这样粗略的做法其实是没有注意到日晷背后的科学道理，只是动手，没有动脑。一些教科书中也没有明确指出日晷制作中的要点。

如果把晷面放在水平面上，刻度就会不均匀，这就使得问题复杂化了，学生也不能从中获得什么科学原理。根据跨学科概念"稳定与变化"，太阳运动每天都在变化（导致影子长短变化及转动快慢都不同），但是其中有什么是不变（或基本不变）的呢？从变化中寻找反映系统本质的稳定关系，会对问题有更深刻的认识。

7. 自然界的启示——自旋一定稳定吗

很多人玩过陀螺，对于陀螺的运动有一些直观印象。但实际上，物体的运动稳定性还是比较复杂的。

◆ 陀螺自旋稳定

作者有机会参与我国前两次太空授课的方案论证，对其中的试验方案和原理比较熟悉。

2013 年，在我国首次太空授课中，王亚平演示了陀螺的运动稳定性现象，她用 2 个相同的陀螺进行了对比试验。陀螺表面涂了红黄两色，旋转后由于视觉暂留，红黄色混成了橙色。一个陀螺旋转，一个陀螺静止。王亚平用手指轻轻触碰 2 个陀螺的转轴，视频中可以看到旋转的陀螺在漂移时转轴保持平行，而没有旋转的陀螺在漂移时转轴在空中翻滚起来（下面是视频截图）。

1. 陀螺的特性

陀螺的运动包括陀螺绕自身转轴的运动，称为自转；而转轴的运动，称为进动；自转轴与垂线的角度变化称为章动（地球就是一个巨大的陀螺，详见"从地心说到日心说——地球在运动吗"）。

陀螺运动时有三个特点，称为陀螺运动三特性，包括：

（1）定轴性。当没有外力矩时，转轴在空间中保持方向不变。当存在干扰时，自转角速度越大，动量矩 L 越大，转轴偏转越小。

（2）进动性。陀螺转轴倾斜时，重力不会使陀螺倒下，而是产生进动，自转轴在空中转动起来。如果陀螺不自转，重力会使转轴垂直指向地面。

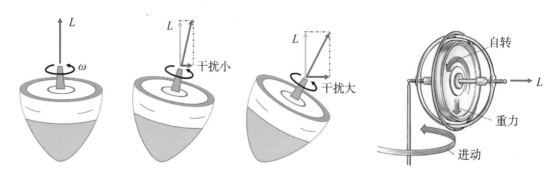

（3）陀螺效应。如果强制陀螺进动，会获得反力矩，称为陀螺力矩。

老式螺旋桨飞机由于陀螺效应，飞机改变航向时将伴随着俯仰运动，做俯仰运动时将伴随着偏航运动。所以早期飞机俯冲轰炸时很难瞄准目标。

怎么一拐弯就向上飞？

2. 炮弹的自旋

炮弹发射出去后，空气阻力是一种干扰，如果不自旋，炮弹就容易在空中翻滚。原因是：炮弹前面尖，因此重心（质心）偏后，AC 段的空气阻力使炮弹有绕质心逆时针方向转动趋势，BC 段的空气阻力使炮弹有绕质心顺时针方向转动趋势。由于 $AC > BC$，会使得偏角 θ 会越来越大。但是如果炮弹高速自旋，根据陀螺的稳定理论，空气阻力的干扰不会使偏角 θ 增加，只会使弹体产生微小的晃动，弹头前进方向不变。因此，炮弹高速自旋时可以保持姿态稳定，飞得更远，打得更准。

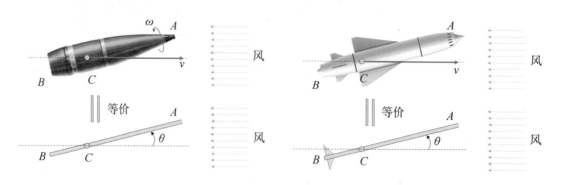

但为什么火箭飞行时没有自旋也可以稳定呢？因为火箭装有尾翼，相当于增加了尾部的受风面积，等价于增加了 BC 的长度，有利于减小偏角。另外，火箭内部有控制系统，能主动控制方向。

◆ 卫星自旋稳定吗?

由于陀螺的运动与自旋稳定有关，因此很多人以为物体转动起来都是稳定的（有干扰时转轴不会翻滚），实际情况如何呢？

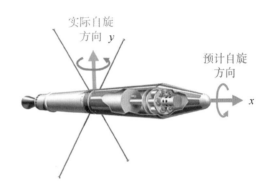

1957 年 10 月 4 日，苏联发射的第一颗人造地球卫星"斯普特尼克 1 号"（Sputnik-1）进入太空。苏联成功发射后，美国着急追赶，在 1958 年 2 月 1 日发射了"探险者 1 号"卫星（Explorer-1）。然而卫星入轨后发生剧烈晃动，2 小时后失稳，从原来预计的绕纵轴自旋变成实际上的绕横轴自旋。

事后经过分析，该卫星形状瘦长（类似铅笔），预计的自旋方向沿最小轴（质量分布距离转轴最近，如上图中 x 轴），而绕最小轴自旋稳定只对刚体成立，前面介绍的炮弹自旋就是绕最小轴旋转，炮弹可以看作刚体；卫星由于存在天线振动、燃料晃动等，不能看作刚体。后来研究表明：非刚体由于存在能量耗散，只有绕最大轴（质量分布距离转轴最远，如图中 y 轴）自旋才稳定，美国第一颗卫星设计时绕最小轴自旋，必然出现姿态失稳现象。

◆ 生活及自然界中的自旋现象

如果注意观察，会发现生活及自然界中有很多现象都与自旋有关。

1. 掷铁饼和飞盘

掷铁饼运动起源于公元前 12 世纪至前 8 世纪古希腊人投掷石片的活动。运动员投掷时右手握铁饼，同时向身体右侧转动，头部略微后仰，这样摆动数次手臂之后，其左脚向前迈出一步，随后利用腿部和躯干的力量使身体向左旋转，同时挥舞手臂并松手将铁饼掷出。这种方式被称为"希腊式"掷法。

1896 年，雅典奥运会将铁饼列入正式比赛项目。1900 年在巴黎奥运会上，捷克运动员采用了旋转掷铁饼技术，这被称为"自由式"技术。1908 年，伦敦奥运会规定要分别采用"希腊式"和"自由式"两种投法进行比赛。美国运动员谢里登（Martin Sheridan，1881—1918，美国）获两种掷法的冠军，其中"希腊式"的成绩是 37.99 m，"自由式"的成绩是 40.89 m，这显示了"自由式"投掷方式的优越性。从此"希腊式"掷法被淘汰。

注意："自由式"投掷铁饼让铁饼自旋，根据前面炮弹自旋稳定的分析，铁饼自旋时姿态比较稳定，空气阻力不大，因此能飞得更远。

与铁饼很类似的是飞盘。飞盘飞行的要点是出手时让飞盘自旋起来。由于飞盘比较轻，如果不自旋，很容易在空中翻滚，飞不了多远。

2. 网球拍的自旋

在网球比赛结束后，一些奔放的选手会把球拍扔向空中，有人无意中发现网球拍绕不同的轴转动时稳定性不同：绕最大轴或最小轴的转动稳定，绕中间轴（其质量分布距离转轴介于最大与最小之间）的转动不稳定。具体来说，如果让网球拍绕 x 轴（垂直网面，质量分布最远，是最大轴），或绕 z 轴（沿杆方向，质量分布最近，是最小轴）转动，网球拍在上升及下降时转轴很稳定；如果让网球拍绕 y 轴（中间轴）转动，网球拍在上升及下降时转轴就不稳定。

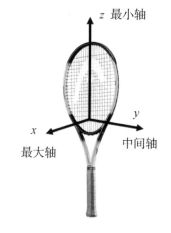

为了有直观的印象，作者用计算机编程对长方体物体进行了计算并显示（图中大的长方体是最初的状态）。下面三幅图从上到下分别显示长方体绕最大轴旋转、绕最小轴旋转，以及绕中间轴旋转。

注意：在绕中间轴转动时，转轴开始也比较平稳，但是很快就进入了翻滚状态。

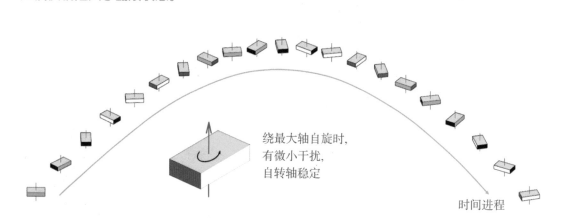

绕最大轴自旋时，有微小干扰，自转轴稳定

时间进程

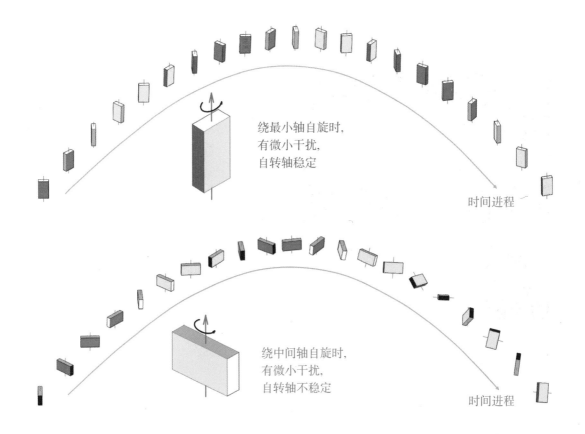

绕最小轴自旋时，
有微小干扰，
自转轴稳定

时间进程

绕中间轴自旋时，
有微小干扰，
自转轴不稳定

时间进程

3. 自然界中的自旋

实际上自然界中的一些现象已经隐含了"最大轴自旋稳定"这一结论。如地球、太阳系、银河系等，都是形状扁平且绕最大轴自旋的系统，它们已经存在了几十亿甚至上百亿年。

例如，地球赤道半径 6 378 km，南北极半径 6 357 km，因此地球是绕最大轴自转的。银河系形状类似铁饼，直径约为 20 万光年（1 光年约等于 $9.460\ 5 \times 10^{12}$ km），中心厚度约为 1.2 万光年，银河系也是绕最大轴自转的。

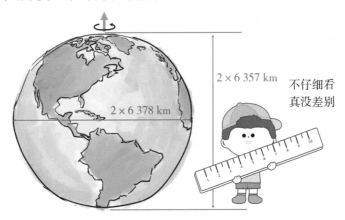

$2 \times 6\ 357$ km

不仔细看
真没差别

$2 \times 6\ 378$ km

相反，龙卷风绕其最小轴自旋，所以存在的时间不会太长（往往只有几分钟到几十分钟）。

小结及点评

太空授课中展示的陀螺运动，让大家直观地了解到陀螺自旋时转轴的稳定性。早期的飞机、潜艇利用陀螺自旋稳定性进行导航（利用陀螺导航也称惯性导航），特别是潜艇，出于保密要求在水中航行，因此在出发前要调整好陀螺方向，通常有 3 个陀螺指向 3 个不同的方向，通电后保持高速转动。不管潜艇在水中如何运动，陀螺的指向都不变，从而可以确定方向。

现在即使有了更先进的导航技术，很多重要的设备（特别是军事设备）仍会把惯性导航作为备份。

利用自旋可以将炮弹打得更远更准，投掷铁饼时利用自旋也会提高成绩，像这样人们在生产实践中大量利用了自旋稳定的特点。

作者小时候把作业本或书本旋转着传给远处的同学，既是偷懒，也算是利用科学原理解决小问题吧。

但并不是所有的物体自旋都是稳定的，从美国卫星的案例到自然界中的很多现象，都表明只有绕最大轴（质量分布距离转轴最远）的自旋才是稳定的。

自然界给我们展示了丰富的现象，背后隐藏着深刻的道理，等待着我们去观察、发现。利用好自然规律，会给我们的生产生活带来极大的便利，而违反自然规律，就会受到惩罚。

8. 批判性思维——太空中肉眼能看见长城吗

批判性思维（critical thinking）是一种有目的的，对产生知识的过程、理论、方法、背景、证据，以及评价知识的标准正确与否做出自我调节性判断的思维过程。

批判性思维是一种反省的思维，其本质是基于证据和逻辑的思维方式。评价是对结果的判断和反思，是批判性思维的核心成分。

对于稍微复杂一点的问题，相对于逻辑而言，如何获得有说服力的证据更为困难。

前面曾经说过的问题：坐在飞驰的汽车上，打开车窗，那车中的空气应该会越来越多。虽然我们知道这个结论一定是错误的，但是问题出在哪里呢？

培根认为，知识并不是我们推论中的已知条件。从逻辑角度推不出新的知识（逻辑可以训练思维），而是需要证据来证明，很多证据需要在实践中获得。培根指出要首先收集事实，然后再用归纳推理的手段从这些事实中得出结论。可能你会对车中的空气问题有种种解释，但是如果没有实践检验，你自己也不一定清楚到底哪一个解释才是正确的。

另一个例子，大家普遍认可低头看手机有危害。但是到底是什么原因可能很多人都说不清楚。

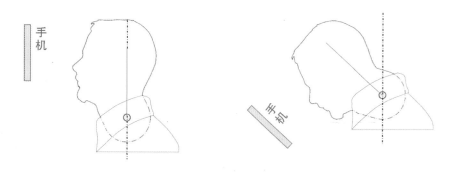

　　具有批判性思维的学生就会想找出有说服力的证据：考虑颈部肌肉的受力情况，首先建立简化的头部和颈椎模型；然后设计制作一个简化的实物模型，进行实际测量；最后通过实验证明头在直立时，颈椎关节承受头部的重量，颈部肌肉基本不受力，而低头时颈椎关节和肌肉受力与低头角度有关，可能是头部重量的好几倍。从而得出有说服力的结论：低头看手机，额外增加了颈椎关节和肌肉的负担，时间长了容易导致肌肉疲劳和硬化。

　　下面从批判性思维的角度，讨论航天员（也称宇航员）在太空中肉眼能否看见长城，这是给清华学生上的一次思维课程，强调事实和证据。

◆ 争论的缘起

　　一位宇航员神采飞扬地说："我在宇宙飞船上，从天外观察我们的星球，用肉眼辨认出两个工程：一个是荷兰的围海大堤，另一个是中国的万里长城！"这段让中国人颇感自豪的文字，曾出现在国内小学语文教科书中的课文《长城砖》中。

　　2003 年 10 月 15 日，中国神舟五号载人飞船成功发射。航天英雄杨利伟经历 20 多小时的航天飞行后，安全返回地球。他在接受中央电视台采访时说：看地球景色非常美丽，但是我没有看到我们的长城。

　　杨利伟的话引起了巨大的反应。很快有媒体报道：专家表明，理论上宇航员肉眼绝无可能看到长城。后来有政协委员就此事提交了提案，希望有关部门尽快纠正教科书中"宇航员肉眼看到长城"的误说，《长城砖》一文后来被删除。

　　新加坡《星期日海峡时报》报道，曾经在月球行走的宇航员塞尔南（Eugene Andrew Cernan，1934—2017，美国）说："在高度为 160 km 至 320 km 的地球轨道上，中国的长城的确是肉眼看得见的。"他说，能不能看到长城取决于视力的好坏，并且要知道该往哪个地方看。

　　从那时到现在，科学界与网上的争论仍未停止，各持己见。目前从一些争论结果来看，大部分人认为在太空中肉眼不可能看见长城。

　　当时作者对此事产生了兴趣，想自己独立研究一下。首先有一个基本的认识，根据亲身从飞机上看到地面的情况，使得作者倾向认为长城是可见的。可以上网查到，民航客机巡航飞行时高度通常为 10 km，下面是作者从飞机上拍的照片。

考虑到飞机的振动以及隔着窗户，实际上眼睛看到的画面比这些照片更清楚。这说明不能完全凭想象做出结论，而是基于一些事实，然后再进行更多的分析。

在太空中肉眼能看见长城，简单地说说是不足以令人信服的，需要用批判性思维综合分析。也许从眼睛的最小分辨率、长城与背景的对比度、神舟飞船的轨道特点等几个方面进行综合判断后，大家更容易自己得出结论。

下面从这几个角度进行独立分析，并得出自己的结论。通常作者在介绍之前会先进行现场调查，统计相信能看见的人数，介绍结束后再次进行调查，看看有多少学生改变了自己的想法。

◆ 逻辑分析

"杨利伟说：我没有看到我们的长城。"这是特称否定判断。

"塞尔南说：在高度为 160 km 至 320 km 的地球轨道上，中国的长城的确是肉眼看得见的。"这是特称肯定判断。

"有专家说：理论上宇航员肉眼绝无可能看到长城。"这是全称否定判断。

从逻辑角度看，直言判断是断定对象具有或不具有某种性质的判断，可分为全称肯定判断、全称否定判断、特称肯定判断和特称否定判断四种基本类型。

从逻辑上说，特称肯定和特称否定是不矛盾的。例如，"有人考试及格了 / 有人考试没及格""有人看见了 / 有人没看见"，这些说法并不矛盾，因为主体可以不是同一对象。

马克·吐温（Mark Twain，1835—1910，美国）曾利用这种逻辑关系，钻了一个空子。一次他说："美国国会中的有些议员是狗娘养的。"这番话被公诸报端后国会议员们大为愤慨，纷纷要求他道歉并威胁要诉诸法律。数天后《纽约时报》登载了他的道歉："我再三考虑，觉得此言是不妥当的，故特登报声明，把我的话修改如下，即：美国国会中有些议员不是狗娘养的。"

但特称肯定和全称否定是矛盾的。例如，"有人可以跳过去 / 所有人都跳不过去""有人可以看到 / 所有人都不可能看到"就有矛盾。因此，逻辑上杨利伟的话"我没有看见长城"并没有否定"长城是肉眼看得见的"。

而有些媒体或专家的结论，从杨利伟的特称否定，上升为全称否定，从逻辑上是不成立的。当然，如果专家有充足的理由，或是有了新的证据，有可能得出全称否定的判断。

总结起来，认为长城看不见有两个主要理由：长城宽度不够，视角太小；长城与背景的对比度太小。但这两个理由，不论杨利伟是否上天，都是存在的，早就可以提出，为什么要等杨利伟说没看见之后才提出来呢？当然如果理由充分，"马后炮"也无所谓，问题是这两个理由并不完全可靠。

◆ 眼睛的最小分辨率

目前流行用"一分视角"（角度，1度有 60 分）作为正常人的视力标准：人眼要辨认物体两端，必须在视网膜上有两个视锥细胞受刺激（兴奋），并且在两个受刺激的锥体细胞间至少要被一个不受刺激的锥体细胞所隔开。这样形成的视角，称为"一分视角"，也称为最小视角。"一分视角"到底有多大呢？人眼如果能看清 5 m 远处字母 E 上相距 1.5 mm 的缺口方向时，说明被测眼视力正常，定为标准视力 5.0（老标准对应为 1.0）。

此时视角大小为

$$\theta_{min} = 1' = 0.0167°$$

更具体来说，最小视角相当于在 5 m 远处看见圆珠笔笔芯的角度（笔芯直径大约为 1.5 mm）。

有专家根据眼睛的最小分辨率，说明理论上宇航员从太空中用肉眼绝无可能看到长城。理由是：神舟飞船的轨道高度为 300 km，根据最小分辨率，地面目标的直径至少为 88 m 时，才能被看见。而长城宽度平均不到 10 m，小于眼睛的最小分辨率。

标准对数视力表

E M Ǝ		4.4
M E W E		4.5
E W Ǝ M		4.6
M E M W E		4.7
Ǝ W E Ǝ M Ǝ		4.8
M E Ǝ W Ǝ M W		4.9

5（米）▶ W Ǝ M E M W E M ◀ 5.0

E W Ǝ M W E Ǝ M	5.1
m Ǝ E W Ǝ W m E	5.2
E m Ǝ E W Ǝ W Ǝ	5.3

但是这种理由看似有道理，其实是把"看见"与"分辨"这两个概念混淆了，以及对最小分辨率的误解。因为解释不了如下现象：

（1）视力好的人可以达到 5.3，这说明有人最小分辨率至少为 0.5 分视角，甚至更小。应该说一分视角是统计意义上的最小视角，适合大部分人，但的确有人视力很好（如飞行员）。

（2）人们在夜晚可以看见很多遥远的星星，而它们几乎相当于点光源。我们可能分辨不清到底是几颗星星，但是我们的确看见了星星，也知道它们是星星，如我们可以根据北斗七星找到北极星。如果按一些专家的说法，我们应该"看不见"星星。

（3）根据资料，人的头发直径为 0.05~0.15 mm，取平均值 0.1 mm。如果根据最小分辨率，眼睛在 0.34 m 之外就看不到一根头发了！但实际上绝大部分人都可以轻易看见 1 m 之外的一根头发（现在，你可以尝试看 1 m 之外的头发，绝大部分情况下是可以看到的）。

◆ 几何尺寸关系

一些事实在计算之后，可能会出人意料！

飞船在 300 km 高度轨道看地球时对应的视角约为 145°。

新华社曾经公布过杨利伟在太空中拍摄的照片，其中一张中有地球和月亮。如果以月亮为基准，看看月亮、5 分硬币和北京四环的相对大小，倒是很有意思的事情。

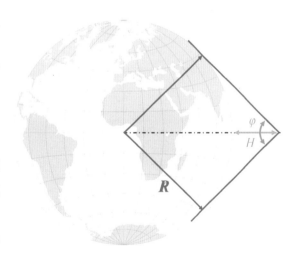

月亮距离地球约 384 401 km，直径约 3 476 km，则视角约为 0.53°。

5 分硬币直径约为 2.4 cm，拿在手上伸直看（成人的眼与硬币距离约 60 cm），视角约为 2.29°。

大拇指的宽度大约是 5 分硬币的直径，这表明虽然月亮很大，但是我们伸出的大拇指很容易完全挡住满月（很多学生会感到意外，然而这是很容易验证的事实）。

北京四环边长约 17 km，从 300 km 高度看的视角约为 3.24°。

不算不知道，不比不知道，把月亮、5 分硬币、北京四环放在杨利伟的照片中，它们的相对大小让很多人大吃一惊，很多学生赶紧验算计算结果，发现的确如此，并非计算错误。

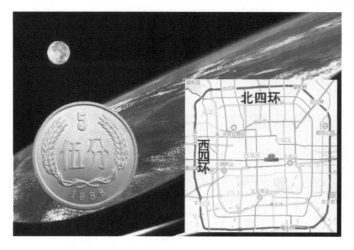

◆ 长城与背景的对比度

认为长城不可能用肉眼看见的另一个主要理由是：自然状态下长城与背景反差不大，除非夜晚沿着长城点上很多火把或电灯。

通常情况下长城与背景反差的确不大，但在早晨和晚上的某些时候，阳光会使长城一面很白（亮），而影子很黑，形成较明显的对比；在雪天，长城的城墙与白雪可以形成明显的黑白对比。

明暗对比，涉及眼睛的特点。眼睛视神经的光敏细胞按其形状分为杆状细胞和锥状细胞。杆状细胞只能感光，不能感色，但感光灵敏度极高，是锥状细胞感光灵敏度的 10 000 倍，主要在弱光作用下工作（比如眼睛看星星时很敏感）。锥状细胞能感光和感色，主要在强光作用下工作。

因此，从感光敏感性的角度说，希望利用颜色的差别看到群山中的长城，将是很困难的；但是利用明暗的差别看出长城，将更容易些。

值得指出的是：长城比较长，有一定的走向，在群山中是一根"有意义"的线条。而人眼对一些"有意义"的图形具有特殊的识别能力，即使这些图像是隐藏着的。

例如，有一幅视觉画表面上看是雪山，但是很多人（不是所有人）很容易从中找出隐藏的山羊、狼、熊及狐狸等动物。

如果有人曾经看过三维立体画，就会知道：立体画表面几乎完全一致，没有对比度可言，但是一些人可以看出里面的画面（学生中约有 1/4 可以看出）。例如，下面的立体画就是斧头劈开树桩（作者在三维画旁边画出了自己所看到的画面），虽然不是每个人都能看出，但的确有人可以看出。

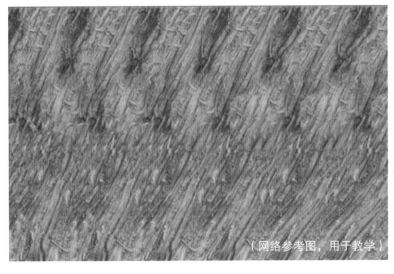

（网络参考图，用于教学）

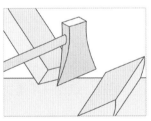

◆ 飞船轨道分析

神舟飞船在 300 km 高的轨道上运行，运行周期约为 1.5 小时。由于地球自转，飞船每运行一圈，其轨迹在地面上的投影（星下点）就会向西移动约 20°。

星下点轨迹，是航天器在地球表面的投影点。航天器轨道平面在惯性空间保持方位不变，而地球自西向东自转，一般来说航天器的星下点会变化，只有地球同步静止卫星的星下点保持不变。

《北京晚报》（2003 年 10 月 15 日）说：神舟五号飞船明天会有两次从北京上空经过，估计第一次在凌晨 2 时 59 分左右，但是还在地影里面；第二次为明天凌晨 4 时 35 分左右，在东方偏低方向，如果观测条件合适，有可能肉眼看到。

神舟五号飞船在早晨 4 时 35 分左右最接近北京附近的长城，但这时太阳还未升起，杨利伟当然看不见长城。等飞船再飞行一圈回来，是北京时间早上 6 时左右，但飞船已经在西北上空了，西北部一带虽然也有长城，但太阳仍未升起（与北京有时差）；到白天的时候，飞船已不在中国的上空，此时杨利伟已经没有机会从空中看到长城了。

小结及点评

从视觉的角度看，关于长城是否可见的争论，关键在于：长城的宽度很小，不利于被看见，但它的长度和规律性有利于被看见。这两个矛盾的因素，要综合考虑。

至于杨利伟没有看到长城，最主要的原因是：飞船没有在适当的时刻经过长城上空。如果飞船在空中飞行的时间更长，则杨利伟看到长城的概率就会增加。同时，应该说从 300 km 高度看长城也是很困难的事情。另外，随着空气污染的增加，看到长城已经变得越来越困难了。

为什么后来的航天员也没有说看到长城，这是因为从飞船看地面的特定目标，只有几分钟时间。他们有很多事情要做，并没有专门去看长城。

总之，综合以上因素，在太空中有可能用肉眼能看见长城，但又很困难，除了视力、天气的因素外，更关键的是知道在什么时间向哪里看。

每次给学生讲这一内容，讲完后作者都会统计一下，发现有不少学生从不相信转变为相信，因为中间涉及的大量数据是他们自己可以马上验证的，无法反驳的。当然，具体到这个问题，结论并不重要，重要的是如何找出有说服力的证据。

9. 渡渡鸟与树的故事——万物有关联吗

成语"风马牛不相及"，比喻事物之间毫不相干。的确，很多人一时难以找出不同事物之间的关联。但是具有创造性思维的人，就善于在看似没有明显关联的事物中找到某种联系。

◆ 渡渡鸟

毛里求斯（Mauritius）位于印度洋西南方，在非洲第一大岛马达加斯加以东约 800 km，距离非洲大陆约 2 200 km。毛里求斯是一座孤岛，不与任何大陆相接。

渡渡鸟（Dodo，拉丁学名 *Raphus cucullatus*）是毛里求斯岛上特有的物种，现已灭绝。

亿万年来渡渡鸟一直以岛上的植物果实为生，在岛上没有自然天敌，因为毛里求斯是一个孤立在大海中的小岛，其他大陆凶猛的野兽到不了这里。但是渡渡鸟平静的生活被大航海时代打断了。

在英国自然博物馆中，有渡渡鸟的标本和相关介绍：英国水手 1507 年来到毛里求斯，第一次见到渡渡鸟，它是一种既跑不快也不会飞的巨鸟（详见第二章内容"为什么大型鸟不容易飞起来"），因此成为水手们的腹中餐，即便它的肉很难吃。

1681 年最后一只渡

渡鸟被水手抓住吃了，渡渡鸟从此灭绝。从 1507 年到 1681 年，短短一百多年，在这里生活了上亿年的物种被人类消灭了。

Gone Forever

The animals in this case are extinct – gone forever.

The dodo is the most famous extinct animal in the world. British sailors first saw dodos in 1507 on the island of Mauritius. By 1681 the dodos were gone.

◆ 濒危的树

卡伐利亚树（Calvaria）是毛里求斯岛上独特的热带树种，这种树被植物学家称为渡渡榄（拉丁学名为 *Sideroxylon grandiflorum*，英文名为 tambalacoque 或 dodo tree）。

令人奇怪的是，从前岛上这种树很茂密，不知道什么原因，这种树慢慢走上了灭绝的道路。虽然活着的卡伐利亚树每年还能开花结果，但是它的种子再也不发芽了。

卡伐利亚树渐渐衰老枯萎，偶尔的山林火灾还会焚烧一部分，却一直没有新树苗生长，导致卡伐利亚树的数量越来越少。到了近代，岛上的卡伐利亚树日渐凋零，这自然引起了人们的注意，但是当时没人知道是什么原因。

◆ 渡渡鸟与卡伐利亚树的关联

渡渡鸟已经灭绝了，而卡伐利亚树也曾经到了灭绝的边缘。它们之间有什么必然的联系呢？

到 20 世纪 70 年代，卡伐利亚树濒临灭绝，曾经遍布全岛的卡伐利亚树这时只剩下 13 株了。据估计这些树都有 300 年以上的历史，但真正的树龄无法确定，因为像大多数热带树木一样，该树没有年轮。

1977 年美国生态学家坦普尔（Stanley Temple，1946—）在《科学》杂志的一篇论文中写道："渡渡鸟的砂囊发育得很好，里面有大块的石子，可以用来碾碎坚硬的食物。"

坦普尔猜测：渡渡鸟灭绝快 300 年了，而卡伐利亚树的树龄都超过了 300 年，这意味着渡渡鸟灭绝后卡伐利亚树就再也没有长出幼苗了。他不相信这只是个巧合，于是产生了一个大胆的联想：难道卡伐利亚树的生长与渡渡鸟有某种关系？坦普尔将一些事实联系起来（两个 300 年；卡伐利亚树的种子外壳很厚；渡渡鸟的胃中有石子，容易碾碎坚硬的食物），认为卡伐利亚树的种子进化出厚厚的外壳是为了在通过渡渡鸟的砂囊时保护里面的种子。

卡伐利亚树的种子与核桃很类似。我们以核桃为例，其结构包括外果皮（exocarp，通常称为皮）、中果皮（mesocarp，通常称为果肉）、内果皮（endocarp，通常称为外壳）和种子（seed，通常称为核桃仁）。渡渡鸟吃进卡伐利亚树的果实后，首先是消化比较软的果肉。由于胃中有酸和石子，一些种子外壳被完全碾碎，种子被吸收消化（从而不可能发芽产生后代）；另一些种子外壳没有被碾碎，但是被腐蚀磨薄了，随粪便排出后更容易发芽。因此坦普尔认为：没有渡渡鸟，就没有卡伐利亚树。

◆ 验证

上面只是一种猜测，要通过实践进行验证。

坦普尔通过调查发现，在渡渡鸟的遗骸中有几颗卡伐利亚树的果实，它类似核桃，表面相对光滑些。

坦普尔设法把卡伐利亚树的果实强行喂给火鸡（体型大，与渡渡鸟比较接近），其中10颗成功地通过了砂囊被排泄出来。他种下了10颗种子，其中3颗发芽了。

原来，卡伐利亚树的种子外面有一层十分坚硬的外壳（比核桃外壳还要厚），种子靠自己的力量难以突破外壳。果实被渡渡鸟吃进去后，外面的果肉被消化，而坚硬的外壳经过胃酸的浸泡和胃中小石子的研磨变得很薄。因此只有被渡渡鸟吞食并排出的种子才有可能发芽。

亿万年前，也许卡伐利亚树的种子外壳有软有硬，外壳软的种子被渡渡鸟吃进胃中，种子会被消化，从而失去了传播后代的机会；外壳硬的种子才有机会存活下来传播后代。经过长期的演化，卡伐利亚树都只结出硬壳种子了。

当渡渡鸟因为人的干预在短期内灭绝，卡伐利亚树的种子就再也不能发芽了。如果渡渡鸟是在很长一段时间内灭绝的，卡伐利亚树有可能再次演化出外壳较软的种子。

📝 小结及点评

植物与动物之间有复杂的相互作用。渡渡鸟与卡伐利亚树的这种关系，只会在生物链单一的地方出现（孤岛的生物链相对简单），一种生物遭受意外，会严重影响另一种生物。类似大熊猫只吃特定的竹子，如果没有人为保护也会灭绝。

这一故事的后续也很有意思。进一步的研究表明，岛上幸存下来的陆龟也有可能传播卡伐利亚树的种子，人们后来发现了更多的这种树，包括一些更年轻的个体。尽管渡渡鸟现在已经不被认为是卡伐利亚树传播的唯一途径，但渡渡鸟与卡伐利亚树的关系仍然令人深思。

坦普尔关于种子发芽需要渡渡鸟的假设也许不是很严谨，但他的确找到了卡伐利亚树种子不容易发芽的原因。现在植物学家使用火鸡或宝石抛光机打磨种子的外壳，使种子得以发芽。

如果坦普尔没有意识到渡渡鸟与卡伐利亚树有某种关系，很有可能地球上已经永远失去了这种珍贵的树种。我们知道，地球上每年都有成千上万种动植物由于各种原因而灭绝，是否会有一些幸运的物种，就像卡伐利亚树一样，由于人们及时找到了会使其灭绝的原因而获救呢？这个课题值得我们去探索。

人类逐渐认识到生物多样性的重要性，某些物种对人类的生存发展可能有重大影响。试想，如果橡胶树很早就灭绝了，或者被人类当柴火砍伐烧完了，那么人类工业文明有可能发展不起来，因为机器的密封、车辆的轮胎都离不开橡胶。疟疾曾是热带、亚热带地区流行猖獗的疾病，曾夺走无数人的生命，如果奎宁树很早就灭绝了，人类与疾病抗争的历史就要改写。据此联想，如果我们把石油、煤仅仅当作燃料耗尽了，也许它们其实有更多的价值不为我们所知，我们是不是会问心有愧？因此发展绿色能源，把一些资源留给后代，也是为子孙后代造福的事情。

这个故事表明：看上去风马牛不相及的事物，背后也许有千丝万缕的联系，关键是我们如何去发现它们。

第二章　建模与分析

科学研究离不开系统与模型。系统是根据研究目的而人为界定的，由一些有关联的物体或成分组成的有序整体。简单地说，系统就是我们关注或研究的对象，系统包含边界、成分和相互作用；模型是经过处理的简化系统，但能体现原系统的本质特征，是描述和理解系统的有效工具。真实世界很复杂，但可以用简化的模型来描述。模型超越了我们可观察的范围，把

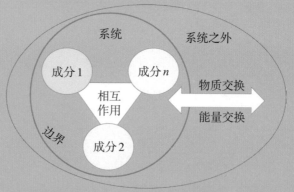

不可见的、抽象的现象或特征形象化，有利于理解和研究。

模型可以直观反映系统的特征，特别是内在的特征，因此有时模型比实物更能展示出系统的特点，利用模型也更容易进行沟通和交流。

建立简化的模型来研究复杂的系统，是一种科学研究的方法。模型包括物理模型（通常是实物或示意图）、数学模型（通常是数学公式）和概念模型（通常是相关理论）。模型要反映系统的主要特征，人们首先根据系统的主要特征，提出符合这一特征的可能模型，然后再利用模型解释或预测其他现象。第一章中介绍的"地心说""日心说"就是关于宇宙的模型。由于人们的认识在不断提高，可能会发现最初提出的模型存在问题，然后根据新发现的现象修正模型，这也是科学逐步发展的重要模式，同时也表明科学并不是终极真理，而是在逐渐接近真理的过程之中。

由于研究目的的不同，对于同一研究对象，人们可以借助不同模型来进行研究。例如，在航天领域，如果关心卫星轨道运动，可以把卫星简化

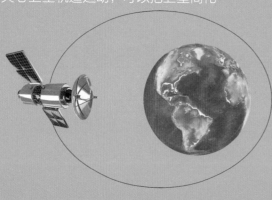

为一个质点，不考虑卫星的尺寸，因为卫星尺寸（几米量级）与轨道尺寸（数千千米量级）相比可以忽略不计；如果关心卫星通信，则要考虑天线对准地面，与卫星姿态旋转有关，这时就不能采用质点模型，可以采用刚体

模型；如果关心卫星对地照相，精度要求更高，还要考虑如何抑制卫星内部燃料的晃动，这时刚体模型也不行了，还要考虑刚体和流体的耦合影响；等等。

这也表明，研究问题可以分几个步骤，逐步细化，不一定需要一步到位。因为人们的认识需要一个过程，一开始就考虑太多因素，可能无法下手。

以实际发动机为例，其构成部件很复杂，有成千上万个零件，但是反映其主要特征的实物模型（曲柄滑块机构）只有 3 个运动部件：曲柄、连杆和滑块，它能演示把直线运动转换为圆周运动；而其抽象模型更为简单，用直线和方框表示曲柄、连杆和滑块。

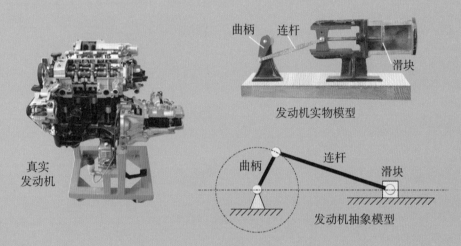

真实
发动机

发动机实物模型

发动机抽象模型

模型是系统论中的一个基本概念，建立模型的基础在于模型具有系统的本质特征，模型与系统之间存在着某种相似性，除了可以解释一部分系统的现象，还可以从模型预测系统更多的现象，甚至是还没有被发现的现象，从而在验证模型可靠性的同时，对系统有更深入的认识。

在天文学中，海王星的发现是利用太阳系模型和万有引力定律进行预测的案例。1781 年天王星被发现，它的运动轨迹与当时太阳系模型预测的情况有一定的差异，这有几种可能性，一种可能是万有引力定律不正确，另一种可能是天王星周围还存在另一颗当时未知的行星。后来，天文学家亚当斯（John Couch Adams，1819—1892，英国）以及勒威耶（Urbain Jean Joseph Le Verrier，1811—1877，法国）先后算出了新行星的位置，导致了海王星的发现。

本章首先介绍物质科学、生命科学、地球科学领域中某些重要模型的产生过程，然后利用建模和定性分析的方法，解释生活、体育运动中的一些现象。

1. 物质科学领域的重要模型——原子模型

在物质科学领域（包括物理、化学）中，有大量的模型，能帮助我们更好地了解科学现象或原理，如原子模型、光的传播模型、受力模型、化学反应模型等。

以原子模型的建立为例，人们花费了上千年时间才真正了解原子内部的结构特征。

原子模型体现了人类对原子的认知水平，原子模型的建立是人类认识自然的重要里程碑和标志。由于人们对原子的认知不断深入，原子模型也在不断改进。

◆ 物质观念的起源

世界是物质的，小到电子、原子，大到地球、太阳系，以及电磁场等都是物质；运动是物质的基本属性，能量是一切运动物质的共同特性，也是各种运动的统一量度；能的形式多样，可以通过做功相互转化，能在转移与转化过程中，总量保持不变。

这一观念是逐步形成的。自古以来，哲学家、思想家面对世界万物，思考世界和物质的本质，渐渐创立了各种学说，大致分为两大类：

一类认为物质无限可分，每种物质无限分割后其性质不变。《庄子·天下》中说："一尺之棰，日取其半，万世不竭。"物质可以无限分割，同时暗含着不管怎么分割，物质还是其本身，如木头不管怎么分割都是木头。

另一类认为物质由基本元素组成，某种物质分割到一定程度，就成为不能再分割的最基本的元素。这一类包括了古希腊大量不同的流派。

米利都（Miletos）哲学学派和其代表人物泰勒斯（Thales，约前624—约前547，古希腊），最早假定整个宇宙是自然的，可以用知识和理性解释、探讨各种自然现象，这就排除了各种宗教学说及鬼神传说，为早期科学的发展奠定了最重要的基础。泰勒斯是古希腊七贤之一，西方思想史上第一个留下名字的思想家，他第一个提出"世界的本原是什么？"，被称为"科学和哲学之祖"。哲学家和逻辑学家罗素（Bertrand Russell，1872—1970，英国）评论说：西方哲学从泰勒斯开始。

早期不同学派或代表人物提出了各自的物质本原假说，如泰勒斯认为物质本原是水，阿那克西曼德（Anaximander，约前610—前546，古希腊）认为物质本原是气，赫拉克利特（Heraclitus，约前540—前480与前470之间，古希腊）认为物质本原是火。这些假说表面上有明显的差异，其共同的核心观点认为世界万物由某种单一的"元素"组成。这种假说更多是出于哲学的考虑，古代中国也有类似"道生一，一生二，二生三，三生万物"的思想。

毕达哥拉斯（Pythagoras，前580至前570之间—约前500，古希腊）学派认为数是万物的本原，事物的性质是由某种数量关系决定的，万物按照一定的数量比例而构成和谐的秩序。他们放弃了单一元素的观念，认为物质是由土、水、气、火四种元素组成。古代中国哲学家也提出了万物由金、木、水、火、土这五种元素组成。

"水"可以蒸发、"气"可以压缩、"火"可以变幻，暗示了有一些看不见的粒子在运动，启发了原子学说：物质是由散布在真空中的终极粒子组成的。最早的原子论者是留基伯（Leucippus，约前500—约前440，古希腊）和德谟克里特（Dēmocritus，约前460—约前370，古希腊），其核心观点是原子永恒存在，原子在空间中运动，原子结合在一起组成元素，形成物质世界。这个学说解释了当时已知的现象：蒸发、凝聚、运动和新物质的生长，与现代的观点很接近。

在科学史上，原子学说要比它之前或之后的其他任何学说都更接近于现代观点，但不

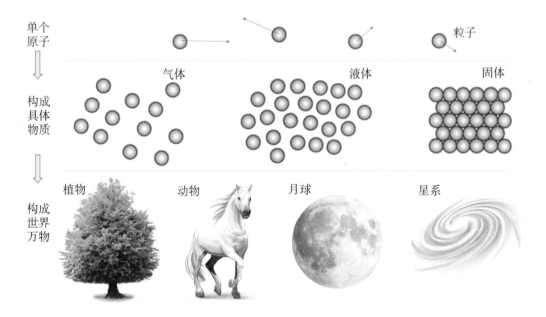

幸的是，原子学说受到柏拉图（Plato，前427—前347，古希腊）和亚里士多德（Aristotle，前384—前322，古希腊）的批判。原子学说的真空与亚里士多德"自然界厌恶真空"的观点冲突，原子一直运动与亚里士多德"力是维持运动的原因"的观点也冲突，因而早期原子学说受到了排斥和压制。

近代化学家发现，各种化学元素结合时，其质量、体积的比例都有精确的定量关系，这些事实使人们逐渐形成原子和分子的观念，并且断定原子和分子都具有相对的原子质量和分子质量。道尔顿（John Dalton，1766—1844，英国）提出了现代意义上的原子说，阿伏伽德罗（Amedeo Avogadro，1776—1856，意大利）提出了分子概念，以及原子和分子的区别等重要化学问题。斯塔尼斯奥拉·坎尼扎罗（Stanislao Cannizzaro，1826—1910，意大利）宣传和发扬了分子学说，阐明了原子、分子、原子质量和分子质量，统一了分歧意见，为原子 – 分子理论的发展扫除了障碍。

现代人们逐渐认识到原子还可以分为质子、中子和电子等，不同数量的原子构成了不同元素，元素构成了世界万物。再进一步，人们还认识到电场、磁场也是物质。

从宏观角度看，世界万物丰富多彩，形态各异；但是深入到物质内部，会发现形形色色的物质由100多种元素组成；元素是具有相同核电荷数的同一类原子的总称；不同的原子由不同数量的质子、中子、电子等组成；不同原子中的质子并不存在区别，中子、电子也类似。因此说万物是由很少的基本粒子构成的，这一结论是古代原子论的继承与推广。

物质不灭是物质的重要特点。米利都学派的哲学家注意到物质的变化：植物的枝茎经过土和水等物质的作用成长起来，木材在燃烧时会有水出现并化为灰烬，最终再回到土中，于是他们形成了物质不灭的观念。

古代炼丹家在长期摸索中，积累了很多经验，为化学的确立奠定了基础。俄国化学家罗蒙诺索夫（Lomonosov，1711—1765，俄国）把锡放在密闭的容

器里煅烧，生成白色的氧化锡，但容器和其中物质的总质量在煅烧前后并没有发生变化，反复验证后，他提出化学变化中物质质量守恒。后来法国化学家拉瓦锡（Antoine Laurent Lavoisier，1743—1794，法国）做了同样的实验，得到同样的结论，确立了质量守恒定律：任何变化包括化学反应都不能消除物质，只是改变了物质的原有形态或结构。

质量守恒定律是自然界普遍存在的基本定律之一。

根据道尔顿的原子学说，化学反应是物质中原子的重新排列，反应前后原子种类及数目不变，所以反应前后总质量不变；化学反应中物质的元素数目无论在反应前或反应后，

都是一样的。

综合起来，化学反应中的质量守恒包括原子守恒、电荷守恒、元素守恒等几个方面，最终形成了物质不灭的观念。

◆ 原子模型的建立

早期哲学家提出了原子的概念，认为原子是不可再分割的微粒。1803 年，道尔顿提出原子是一个坚硬的实心小球，把原子模型从哲学带入化学研究之中。

1897 年，汤姆孙（Joseph Thomson, 1856—1940, 英国）在研究低压气体放电现象时发现了电子，实验证明电子是一种带负电荷且具有一定质量的微粒，电子能从各种不同的物质中分离出来，说明电子普遍存在于各种原子之中。因此，原子并不是构成物质的最小微粒，从而否定了实心小球的原子模型。

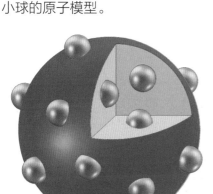

从推理角度分析：原子是不带电的，既然电子是原子的一个组成部分，那么原子中一定还存在着带正电荷的部分，并且正负电荷的总量一定相等（演绎推理）。于是汤姆孙提出了葡萄干蛋糕模型（也称枣糕模型或西瓜模型）：原子核像蛋糕，电子像嵌在其中的葡萄干。这一模型解释了原子内部有电子，也满足了原子电中性的特点。

1911 年，卢瑟福（Ernest Rutherford, 1871—1937，英国）进行 α 粒子轰击金箔实验，发现大部分粒子穿过金属，极少数粒子直接折回。但按照葡萄干蛋糕模型的理论，应该是大部分粒子折回。

卢瑟福根据新现象提出新的原子模型：原子类似太阳系，原子核集中在原子内部一个极小区域里，电子分布在原子核周围。这样就可以解释"散射实验"的现象。

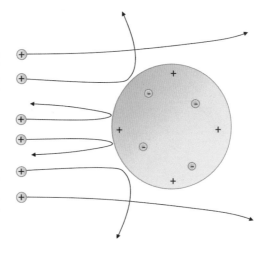

但这还不是原子最终的模型，随着后来发现更多新现象，原子模型内部精细的结构还要修改，人们对原子的认识也越来越深入。

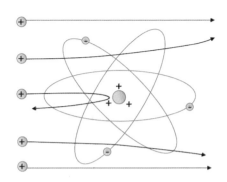

从原子及原子模型的例子中，可以看出，随着人们的知识不断积累、认知不断提高，对某一系统的特性了解越来越丰富，反映系统重要特征的模型也会逐步改进。

◆ 原子不同的构型决定物质的性质

物质内在或外在属性都与其内部结构有密切关系。

例如，金刚石是无色透明、正八面体形状的固体，而石墨是一种不透明的黑色细鳞片状固体。另外，金刚石十分坚硬，可以用来切割玻璃；而石墨很柔软，可以用来做铅笔芯、润滑剂等。

金刚石和石墨两者从外形和特性角度看完全不同，但它们都是由碳元素组成的同素异形体，它们的差异完全取决于内部结构。

金刚石

石墨

金刚石的晶体结构中，每个碳原子与相邻的 4 个碳原子形成共价键，构成正四面体结构单元，碳原子的间距为 1.55 Å（Å是衡量原子间距度的长度单位，$1\,Å =10^{-10}$ m），这 4 个共价键之间的角度都相等，约为 109.28°，宏观效果表现为金刚石是自然界中最坚硬的物质。

石墨为六边形层状结构，每一层间的距离为 3.35 Å，同一层中碳原子的间距为 1.42 Å，属六方晶系，具有完整的层状结构。层间距离大，易滑移，宏观效果表现为石墨很柔软、有滑腻感。

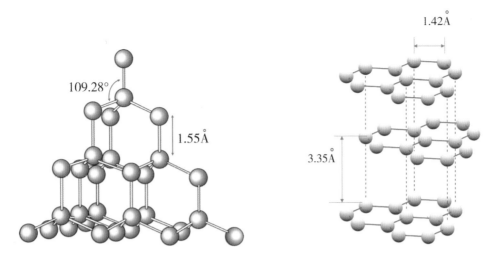

金刚石和石墨的例子很有说服力地表明：物质的结构决定了物质的性质，碳原子排列方式的不同导致它们的物理性质存在极大差异。

小结及点评

原子模型的建立，开启了人类认识微观世界的窗口。

物质产生化学反应时吸热或放热，以及放射性元素的发现，意味着原子内部存在着巨大的能量。

1916 年，爱因斯坦（Albert Einstein，1879—1955，德国）发表了《关于辐射的量子理论》一文，首次提出了原子受激辐射的概念，为激光的产生奠定了理论基础。在众多科学家大量探究的基础上，1960 年科学家梅曼（Theodore Maiman，1927—2007，美国）成功地制造了世界上第一台激光器。而爱因斯坦发现的质能方程 $E=mc^2$，也为原子能的利用奠定了基础。

曾经有人问物理学家费曼（Richard Feynman，1918—1988，美国）：如果所有科学知识都在一场灾难中被摧毁了，如何用最少的句子把最多的信息告诉给下一代？费曼回答说：万物由原子构成（The atomic hypothesis – that all things are made of atoms）。

1972年美国"先驱者10号"发射升空，它携带了一块载有人类讯息的镀金铝板：板上刻有一男一女的画像，还有一些符号表示太阳系的相对位置和探测器的来源。其中在左上角的位置，刻有一个氢原子自旋跃迁的图像，因为氢是宇宙中广泛存在的物质。设计者至少想表明，对原子的认知水平是人类最高智慧的反映。

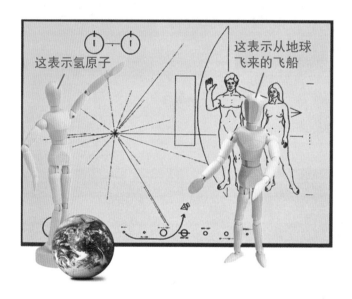

2. 生命科学领域的重要模型——DNA 模型

生命科学中有很多模型，除了典型的细胞模型，DNA 双螺旋结构模型（简称 DNA 模型）也是其中一个典型的案例，它表明了一个合适的模型是帮助人类开启一个全新领域的钥匙，同时 DNA 双螺旋结构模型的发现，也是一个跨学科跨领域合作的案例。

◆ DNA 模型的建立

脱氧核糖核酸（deoxyribo nucleic acid，DNA）是细胞内重要的物质。1869 年生物化学家米歇尔（Friedrich Miescher，1844—1895，瑞士）分离出 DNA；1919 年利文（Phoebus Levene，1869—1940，立陶宛）提出 DNA 由一条通过磷酸盐结合在一起的核苷酸组成，其中的碱基以固定顺序重复排列；1937 年阿斯特伯里（William Astbury，1898—1961，英国）展示了 DNA 第一个 X 射线衍射研究的结果，表明 DNA 具有极其规则的结构，向研究 DNA 结构踏出了第一步。

1951 年 11 月物理化学家与晶体学家罗莎琳德·富兰克林（Rosalind Franklin，1920—1958，英国）拍摄到 DNA 晶体的 X 光衍射照片，确认这个生物分子具有两种形式，链外面有磷酸根基团，距离 DNA 双螺旋结构的发现只有一步之遥。科学界公认她为

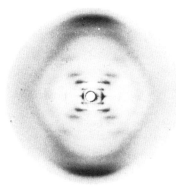

双螺旋结构的建立起到了重要作用。

1952 年生物化学家查伽夫（Erwin Chargaff，1905—2002，美国）测定了 DNA 中 4 种碱基的含量，发现其中腺嘌呤（A，Adenine）与胸腺嘧啶（T，Thymine）的数量相等，鸟嘌呤（G，Guanine）与胞嘧啶（C，Cytosine）的数量相等。这一结果使正在研究 DNA 的沃森（James Watson，1928—，美国）和克里克（Francis Crick，1916—2004，英国）立即想到 4 种碱基之间存在着两两对应的关系，形成了腺嘌呤与胸腺嘧啶配对（A–T）、鸟嘌呤与胞嘧啶配对（G–C）的概念。不过受到前人的影响，他们按照 3 股螺旋的思路进行了很长时间的工作，结果却构建不出合理的模型。

沃森和克里克无意中看到富兰克林拍摄的 DNA 衍射照片后，立即领悟到：两条以磷酸为骨架的链相互缠绕形成了双螺旋结构，氢键把它们连接起来。一连几天，他们都在办公室里用铁皮和铁丝搭建模型。1953 年 2 月，第一个 DNA 双螺旋结构的分子模型终于诞生。

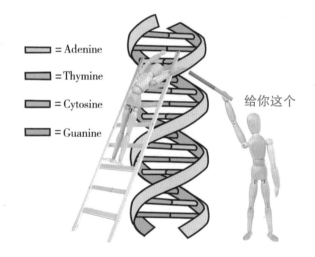

◆ DNA 的复制与变异

从现象上看，物种遗传是主要的，但变异是持续而缓慢的，不断有物种产生，也不断有物种被淘汰。达尔文（Charles Robert Darwin，1809—1882，英国）认为适者生存，由于环境的变化，生物会进化。地质环境变化极其缓慢，因此生物的进化也很缓慢，大量出土的化石就是证据（表象）。

薛定谔（Erwin Schrödinger，1887— 1961，奥地利）鉴于量子力学"少数原子系统是无序的"这一理论，断言生物的遗传物质必须由大分子构成，才足以维持遗传信息的稳定，这一断言从跨学科的角度启发了后来的 DNA 发现者们。

生物的遗传信息在 DNA 内，从遗传角度看，DNA 复制前首先要利用解旋酶把双链解开，然后 DNA 聚合酶把生物体内的碱基配对，复制的结果是将一条双链变成两条一样的双链，每条双链都与原来的双链一样（如果复制过程正常的话）。

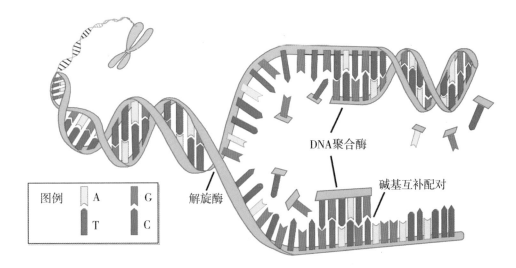

这一复制过程可以用拉链来比喻（拉链相当于 DNA，链牙相当于碱基）：前方拉头（相当于解旋酶）移动，把一根拉链分为上下两部分；另 2 个拉头（相当于聚合酶）分别在上、下单链上移动，把单链又变为完整的拉链。由于日常生活中拉链偶尔会出现错位的情况，所以很好理解 DNA 在复制过程中偶然也会出错，导致变异（变异的本质是碱基配位出错）发生。

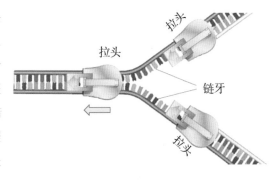

现代科学认为，生物遗传是主要的，但变异是必然的，进化是无数微小变异的累积，并经过自然选择后保留下来的结果。

◆ DNA 遗传稳定的冗余机制

为什么生物遗传是比较稳定的？这里有一个跨学科小插曲：DNA 上的碱基序列编码蛋白质的氨基酸序列，但具体如何编码呢？1954 年物理学家加莫夫（George Gamow，1904—1968，美国）提出了三联体密码的假设，从数学角度解决了这个生物学问题。

加莫夫的推理很简单：DNA 中核苷酸有 4 种，两个核苷酸只有 16 种组合（4×4），不够编码所有氨基酸（已知有 20 种氨基酸）；3 个核苷酸有 64 种组合（$4 \times 4 \times 4$），编码 20 种氨基酸还有剩余；4 个核苷酸的组合是 256 种（$4 \times 4 \times 4 \times 4$），太过于浪费了。因此从合理性角度考虑，应该是每 3 个核苷酸进行组合编码，且有多余组合，使得多数氨基酸有几个不同的密码子（表 2-1），称为同义密码子，也称为遗传密码的简并性（degeneracy）。

表 2-1　氨基酸的密码子

第一碱基	第二碱基								第三碱基
	U		C		A		G		
	编码	氨基酸	编码	氨基酸	编码	氨基酸	编码	氨基酸	
U	UUU	Phe	UCU		UAU	Tyr	UGU	Cys	U
	UUC	苯丙氨酸	UCC	Ser	UAC	酪氨酸	UGC	半胱氨酸	C
	UUA	Leu	UCA	丝氨酸	UAA	STOP	UGA	STOP	A
	UUG	亮氨酸	UCG		UAG	STOP	UGG	TrP 色氨酸	G
C	CUU		CCU		CAU	His	CGU		U
	CUC	Leu	CCC	Pro	CAC	组氨酸	CGC	Arg	C
	CUA	亮氨酸	CCA	脯氨酸	CAA	Gln	CGA	精氨酸	A
	CUG		CCG		CAG	谷氨酰胺	CGG		G
A	AUU	Lle	ACU		AAU	Asn	AGU	Ser	U
	AUC	异亮氨酸	ACC	Thr	AAC	天冬酰胺	AGC	丝氨酸	C
	AUA		ACA	苏氨酸	AAA	Lys	AGA	Arg	A
	AUG	Met 甲硫氨酸	ACG		AAG	赖氨酸	AGG	精氨酸	G
G	GUU		GCU		GAU	Asp	GGU		U
	GUC	Val	GCC	Ala	GAC	天冬氨酸	GGC	Gly	C
	GUA	缬氨酸	GCA	丙氨酸	GAA	Glu	GGA	甘氨酸	A
	GUG		GCG		GAG	谷氨酸	GGG		G

密码子的简并性可减少有害突变，如果多余的密码子不能编码氨基酸，相应的突变就会导致复制终止。而在有简并的情况下，就只会产生某一个氨基酸的突变，不会中断复制而造成严重后果。简并性也使 DNA 的碱基组成有较大的变化余地，在物种的稳定性上起一定作用。

为了更好地理解简并性的重要性，下面举例说明。

例 1：如果某一处正确的编码应该是 GGU（甘氨酸），但是最后一位 U 发生了错误，变为 GGC、GGA 或 GGG，最终的结果仍然是甘氨酸。

例 2：如果某一处正确的编码应该是 CCC（脯氨酸），但是中间一位 C 变为 A，成为 CAC，就变为另一种氨基酸：组氨酸。

例 3：如果每种氨基酸只有一组编码，假如丙氨酸只对应 GCU，则当最后一位发生错误变为 GCC、GCA 或 GCG 时，就没有任何一种氨基酸与之对应，复制只能停止，从而影响生命的遗传。

由此可见，同义密码子的存在，对遗传的稳定性有很大帮助。

✎ 小结及点评

双螺旋结构显示出 DNA 在细胞分裂时能够自我复制，完美地解释了生命体繁衍后代、物种保持稳定的机制。DNA 双螺旋的发现，是生物学的一座里程碑，开启了分子生物学时代，使分子遗传学、分子免疫学、细胞生物学等新学科如雨后春笋般出现。人们清楚地了解遗传信息的构成和传递的途径，使遗传的研究深入分子层次，更多生命奥秘从分子层面得到了更为清晰的阐明。基因技术使人类进入了全新的时代。

20 世纪 70 年代初，出现了基因重组技术。20 世纪 90 年代出现了"克隆"技术。经过努力，2001 年多国科学家成功完成了人类基因草图。

人类基因组 30 亿个碱基的序列被全部测定后，随后人类将进入破译遗传密码、研究基因功能的后基因组时代。届时生命活动最本质的过程和规律将被阐明。运用最先进的信息技术，不仅可以将遗传密码破译，还将对蛋白质等生物大分子进行结构模拟和药物设计。不久的将来，生物技术将从分子水平预防和治疗疾病。

3. 地球科学领域的重要模型——板块模型

地球构造模型是地球与宇宙科学领域的重要模型。

◆ 地球的结构

地球的内部结构为一同心状圈层构造，由地心至地表依次划分为地核（earth's core）、地幔（mantle）、地壳（crust）。

钻探只能了解千米量级的地质构造，如何了解更深层的地质情况呢？

这需要科学的方法。地球地核、地幔和地壳的分界面，主要依据地震波传播速度的急剧变化推测确定（涉及波在不同介质中的传播速度问题）。

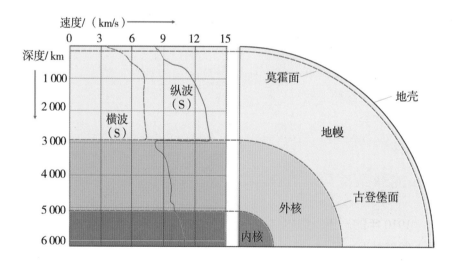

1909 年，科学家莫霍洛维契奇（Andrija Mohorovičić，1857—1936，南斯拉夫）发现了位于 33 km 深处的界面，称为莫霍面（简称 M 界面）；1914 年，科学家古登堡（Beno Gutenberg，1889—1960，德国）发现了位于 2 885 km 深处的另一明显界面，称为古登堡面。

地核组成以铁、镍为主，又分为内地核和外地核。内地核的顶界面距地表约5 100 km。外地核的顶界面距地表2 900 km。地核中心的压力可达到350万个大气压（atm，1 atm=101.325 kPa），温度达6 000℃，在高温、高压的条件下，地球中心物质具有可流动性。

地幔是介于地表和地核之间的中间层，厚度将近2 900 km。它的物质组成具有过渡性：靠近地壳的部分主要是硅酸盐类的物质；靠近地核的部分，则同地核的组成物质比较接近。地幔又可分为上地幔和下地幔两层，一般认为上地幔顶部存在一个软流层（软流圈），是放射性物质集中的地方。整个地幔的温度都很高，足以使岩石熔化，因此地幔可能是岩浆的发源地。

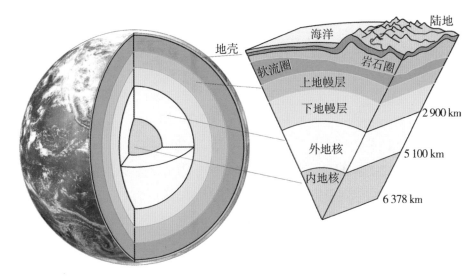

地壳是固体外壳，是属于地球表面的一小部分。地壳的厚度是不均匀的，平均厚度约17 km。地壳的物质组成除了沉积岩外，基本上是花岗岩、玄武岩等。岩石圈（lithosphere）包括地壳的全部和上地幔的顶部，由花岗岩、玄武岩和超基性岩组成。当地壳岩石发生断裂错动时，会产生强烈的震动，即地震。

◆ 地球结构对地质变化的影响

1910年的一天，魏格纳（Alfred Lothar Wegener，1880—1930，德国）在一幅世界地图上偶然发现大西洋两岸的轮廓非常相像，特别是南美洲巴西东部的突出部分，与非洲西海岸的几内亚湾非常吻合。

1912年他出版了《海陆的起源》一书，前言中写道："任何人观察南大西洋的两对岸，一定会被巴西与非洲间海岸线轮廓的相似性所吸引住，不仅圣罗克附近巴西海岸的大直角突形和喀麦隆附近非洲海岸线的凹进完全吻合，而且自此以南一带，巴西海岸的每一个突出部分都和非洲海岸的每一个同样形状的海湾相呼应。反之，巴西海岸有一个海湾，非洲

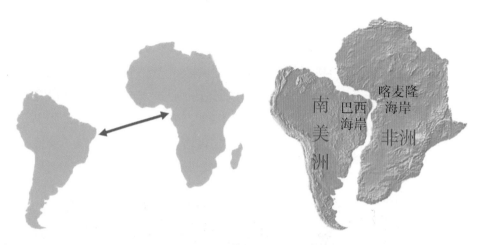

大陆漂移吻合示意图

方面就有一个相应的突出部。"

此前很多人根据地形地图猜想"大陆漂移"，但魏格纳不只是停留在猜想层面，他还着力搜集地质学、古生物学证据。利用大陆漂移理论可以解释许多地球现象。

魏格纳认为在石炭纪以前，北方的劳亚古陆与南方的冈瓦纳古陆原是连成一体的，它们组成了一个巨大的陆地，被称为联合古陆或者泛大陆。后来，由于月球潮汐力和地球自转离心力的影响，伴随着地震和火山，联合古陆发生破裂和漂移，日积月累，经过近 3 亿年的漫长岁月，终于形成现代的海陆分布。

大陆漂移说发表后，遭到许多"权威"的指责和嘲讽，因为当时海陆位置固定说占统治地位。大陆漂移理论否定了大陆固定、海洋永存的传统认识，开创了人类对地球史认识的新阶段。地球科学从固定观到运动观，地学思维方式发生了根本性的变化。

现代以地球内部结构为基础的板块构造理论（plate tectonics）认为：岩石圈的基本构造单元是板块；板块边界是洋中脊、转换断层、俯冲带和碰撞带；由于地幔对流，板块在洋中脊分离、扩张，在俯冲带处则发生俯冲、消减；全球被分为欧亚、美洲、非洲、太平洋、印澳、南极六大板块和若干小板块；全球地壳构造运动的基本原因是这些板块的相互作用；板块强度很大，板块的边缘是构造运动最剧烈的地方，主要变形在其边缘部分。地球自从形成以来在地表和内部进行着永不停息的运动变化，地球表面的形态特征正是地球内外力综合作用的结果。

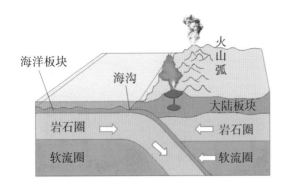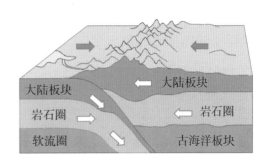

可以说，由于地球内部的结构，导致了板块运动的特点。板块构造说可以解释大量的自然现象，例如，全球地震、火山带主要集中在不同板块的交界处；青藏高原是两个大陆板块相碰的结果，印度板块冲到欧亚板块下面，彼此重叠挤压导致喜马拉雅山脉的迅速隆起；等等。

◆ 沧海桑田

地质变化是一个漫长的过程，有很多成语都反映了地质的巨大变化。

1. 相关成语

"沧海桑田"是一则成语，意思是大海变成农田，农田变成大海，比喻世事变化巨大。出自东晋葛洪《神仙传·王远》：从前有两个仙人，一个叫王远，一个叫麻姑。一次，他们相约到蔡经家去饮酒。麻姑说道："接侍以来，已见东海三为桑田。向到蓬莱，水又浅于往昔，会时略半也，岂将复还为陵陆乎？"翻译过来大意是：从上次接见以来，已经看到东海三次变为桑田。刚才到蓬莱仙岛，见东海水又比过去浅了，计算时间大约才过了一半，难道又要变成丘陵和陆地吗？

与此接近的还有成语"海屋添筹"。苏轼在《东坡志林》卷七中写道："尝有三老人相遇，或问之年……一人曰：'海水变桑田时，吾辄下一筹，尔（迩）来吾筹已满十间屋。'"大意是说：古代有三个老人相遇，他们互相询问年龄，其中一位说自己每次看见海水变桑田就添一个筹码，如今他的筹码已装满十间屋子。

"海枯石烂"出自宋代王奕《法曲献仙音·和朱静翁青溪词》："老我重来，海干石烂，那复断碑残础。"大意是说：等到我老了还是会重新来过，直到海水干涸、石头腐烂，将那断碑残础重新立起来。

有意思的是，为什么中国古代会有沧海桑田、大海陆地变迁的观念？从某种意义上说，人们平时可以观察到地震山崩、河水泛滥改道等自然现象。例如，古代黄河经常改道，故有"三十年河东，三十年河西"的说法。于是人们形成了朴素的山川河流会变化的观点，再借助神话的形式，用这种巨大而缓慢的变化表示时间的漫长和久远。

2. 地球圈层的循环

前面介绍的板块运动，从宏观角度解释了海洋大陆的变迁。从微观的角度看，地球圈层的物质和能量大循环导致了地质面貌的变化。地球圈层内部包括岩石圈，外部包括大气圈、水圈、生物圈。

水循环是指地球表面各种形式的水体在不断地相互转化的过程，水以气态、液态和固态的形式在陆地、海洋和大气间不断循环。

水循环的动力是太阳能以及由此引起的大气运动。地表水及植物通过蒸发或蒸腾，使水变为水汽进入大气圈，部分水汽通过大气运动带到寒冷地区，变冷下沉，在一定条件下以降水的形式降落到地球表面，渗入地表，或形成地表径流，或流入大海。

水循环调节了地球各圈层之间的能量，对气候变化有重要的影响。水循环通过侵蚀、搬运和堆积，塑造了丰富多彩的地表地貌。

地质循环是指岩石圈和其下的软流层之间存在着大规模的物质循环。

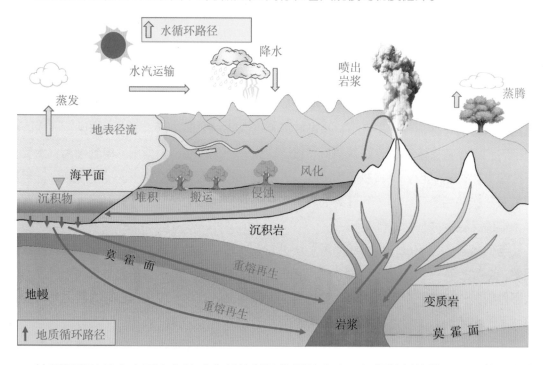

地质循环的动力主要来自地球内部放射性物质的衰变，长期放射的热量累积效果使岩石变为可流动的岩浆。地球原始地壳形成至今，在漫长的地质年代中，岩石圈的物质在不断迁移变化。在地球内部压力的作用下，岩浆沿着岩石圈的薄弱地带侵入岩石圈上部或喷出地表，冷却凝固形成岩浆岩；裸露地表的岩浆岩经过长期的风吹、雨打、日晒以及生物作用，缓慢分解成为砾石、沙子和泥土；这些碎屑经过风化、侵蚀、搬运和堆积，形成沉积岩；已经生成的岩石在一定的温度和压力下发生变质作用，形成变质岩；岩石在岩石圈深处或岩石圈以下发生重熔再生作用，又成为新的岩浆，如此周而复始。地质循环留下的痕迹包括山系、盆地，以及水流、冰川、风成地貌等。

小结及点评

　　每天我们都有很多想法在脑海中浮现，但是大部分随后又忘记了。而魏格纳在产生了想法后，不是只停留在猜想层面，还着力搜集多方面的证据，形成了一套学说。魏格纳从观察开始，有了猜测之后搜集证据，形成比较完整的观点，这种处理问题的模式值得我们学习借鉴。

　　大陆漂移学说是基于现象的学说；板块构造理论则是更深层的理论，是 20 世纪 60 年代末期形成的一种大地构造学说，是在大陆漂移说和海底扩张说的基础上发展起来的，是在海洋地质、海底地貌和地球物理等学科大量最新研究成果的基础上，对全球地壳活动方式的概括和总结。板块构造说统一了以往各种大地构造假说，开创了人类对地球史认识的新阶段，被认为是地球科学的一次革命。

　　板块运动从大尺寸改变了海陆的结构，而地球不同圈层的物质循环和能量循环从小尺度改变了地貌，两者共同的作用，导致了"沧海桑田"的现象。

4. 比例分析——为什么大型鸟不容易飞起来

自然或生活中有很多有趣的现象，如果进行一番思考，很可能会发出"哦，原来是这样"的感慨。

但是人们在分析很多问题时，没有太多的信息（包括不清楚具体的参数，不知道精确的方程），这时定性分析是一种有效的手段。

定性分析主要是凭直觉、经验，对分析对象的性质、特点、变化规律作出判断的一种方法。定性分析在数据不充分或者模型建立之前比较适用。

在发明创造中十分需要定性和定量分析。一个装置发明出来之前，并不清楚内部会是什么结构，因此也无法进行直接的分析计算。发明是根据希望的功能或特点，逆向设计系统可能的结构形式，在得到大致的结构后，再利用定量分析的方法确定精确的参数。

定性分析的方法有很多，其中比例分析法相对简单。下面的案例，就是利用某些参数之间的比例关系，最终得出有价值的结论。在分析中可能会利用物理规律找出参数之间的关系，基本不用具体的计算就能找出问题近似的、初步的解答。

◆ 什么是比例分析方法

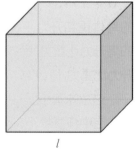

假设立方体边长为 l，则其表面积是 $S = 6l^2$，体积是 $V = l^3$。

上述关系可以表示为比例关系：$S \propto l^2$，$V \propto l^3$，即面积与长度平方成比例关系，体积与长度立方成比例关系。

一般来说，如果存在某种关系 $p = kq^2$，k 是未知常数，这时可以表示为 $p \propto q^2$，这样就避免了 k 的信息。

对于更复杂的情况，如鱼类大致都是流线型的体型（外形比较接近），因此可以有初步的结论：鱼的表面积或横截面积与长度的平方成比例关系，体积或重量与长度的立方成比例关系。

因此只要物体外形基本相似，就可以假设面积与尺寸平方成比例关系，重量与尺寸立方成比例关系。这与实际当然有差别，但是在不清楚更多信息的情况下，不失为一种合理的假设。

◆ 为什么大型鸟不容易飞起来

如果留意，你会发现体型巨大的鸟不容易飞起来，如鸵鸟和渡渡鸟（见第一章内容"渡渡鸟与树的故事"）。

可以用比例分析的方法解释其中的道理。

先假设小鸟和巨鸟的体形相似，设鸟的重量（物体所受重力的大小）为 G，长度为 l，翅膀扇动产生的升

力为 f。如果鸟要在空中飞行，翅膀扇动产生的升力要大于等于重力，为便于分析，取等号，有 $f = G$。

在一般情况下，升力和翅膀面积（平方）有关，而体重和身体体积（立方）有关，即 $f \propto l^2$，$G \propto l^3$。从而升力与重力之比为 $f/G \propto 1/l$，在其关系图上，假设某中等体型的鸟体重和升力平衡（$f/G = 1$），则体型小的鸟升力比重力大（$f/G > 1$），体型大的鸟升力比重力小（$f/G < 1$）。

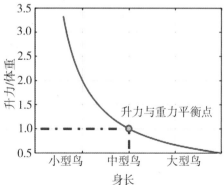

这意味着小型鸟飞起来很轻松，如蜂鸟可以在空中任意悬停；大型鸟飞不起来，如鸵鸟和渡渡鸟；体型中等的鸟升力接近体重，能飞起来但比较吃力，如天鹅起飞时要在水面扑腾一段距离，图中能看到天鹅用脚踩水的动作，靠部分水的反作用力起飞；而老鹰在起飞后，会张开翅膀依靠上升气流长期盘旋，它

通常在发现目标捕食时快速俯冲，不适合长时间主动飞行。

这些都是实际情况，可以利用比例分析的方法事先估计出来。

前面假设鸟的体型相似。实际上鸟的体型只是大致相似，巨型鸟如要飞起来翅膀会特别大，如军舰鸟（一种大型海鸟）具有细长的翅膀及瘦长的叉形尾，体长 750 ~ 1 120 mm（扣除尾巴身体更短）；翅展 1 760 ~ 2 300 mm，即翅膀尺寸大于体长。而蜂鸟体长在 60 ~ 120 mm，从图片中可以看出其翅膀长度小于体长。还有一个有趣的细节，如果看鸟飞行的照片，体型大的鸟（如上面的军舰鸟和老鹰）翅膀都很清晰，而体型小的鸟（如麻雀和蜂鸟）翅膀都很模糊。参考第一章内容"自行车车轮的运动"，就知道大型鸟很少扇动翅膀，而小型鸟起飞容易，飞起来后扇动翅膀也很轻松。

◆ 赛艇的成绩

赛艇（rowing boat）是由一名或多名桨手坐在舟艇上，通过桨划水使舟艇前进的一项水上运动。

赛艇运动起源于英国。1775 年，英国制定了竞赛规则并成立赛艇俱乐部。1829 年，英国牛津大学和剑桥大学在泰晤士河上举行了首次校际赛艇比赛，这被视为现代赛艇运动

的起源。

在 2 000 m 赛艇比赛中，分单人、双人、四人、八人等四个级别，各个级别的赛艇形状相似。表 2-2 所示为 4 次世界级比赛的最好成绩。

表 2-2　4 次世界级比赛的成绩

类别	2 000 m 成绩 /min			
	I	II	III	IV
单人	7.16	7.25	7.28	7.17
双人	6.87	6.92	6.95	6.77
四人	6.33	6.42	6.48	6.13
八人	5.87	5.92	5.82	5.73

由表可以发现：人数越多比赛成绩越好。

问题：比赛成绩与人数之间会存在什么必然的关系吗？

1. 赛艇比赛的假设与简化

真实的赛艇比赛问题如果要具体分析，将会很困难。但若做些假设，采用比例分析法，可得到定性的结果，且与实际情况比较吻合。

基本参数：赛艇速度为 v；每个选手的输出功率为 P；每个选手的体重为 w；赛艇浸没部分表面积为 S；赛艇的排水体积为 V。模型假设如下：

（1）赛艇速度 v 是常数，通常选手几秒钟就可以加速到最大速度，因此可以忽略出发时的加速过程；又因为比赛时间不是很长，专业选手可以保持最大速度，比较接近实际情况。

（2）赛艇所受阻力 F 与 Sv^2 成正比（阻力与截面积成正比，与速度的二次方成正比）。这是根据流体力学规律确定的，符合实际情况。

（3）每个选手在比赛过程中输出功率 P 不变。这是近似处理，比赛时间不太长时适用。反过来说，达不到这一要求，也不能成为专业选手。

（4）输出功率 P 与体重 w 成正比。生理解剖表明，人体输出功率 P 与肌肉体积成正比，而对于体形匀称的人，肌肉的体积与体重 w 成正比，比较符合实际。

（5）各种级别赛艇的几何形状相似，这是已知条件。

（6）赛艇重量 w_0 与选手人数 n 成正比。实际上人多赛艇就应大些，这是根据实际情况得出的近似结果。

2. 分析过程

对于有 n 个选手的赛艇，其匀速前进时选手输出的总功率应等于阻力消耗的功率，即

$$nP \propto Fv$$

由假设

$$F \propto Sv^2, \quad P \propto w$$

得到

$$nw \propto Sv^3, \quad v \propto \left(\frac{nw}{S}\right)^{1/3}$$

另外，根据阿基米德定律，赛艇和选手的总重量应等于其排开的水的体积，有

$$nw + w_0 \propto V$$

而由于赛艇形状相似，应有

$$S \propto l^2, \quad V \propto l^3$$

同时，赛艇与选手的总重量与选手个数成正比，有

$$nw + w_0 \propto n$$

以上综合起来，有

$$S \propto n^{2/3}$$

所以

$$v \propto n^{1/9} \cdot w^{1/3}$$
$$t \propto v^{-1} \propto n^{-1/9} \cdot w^{-1/3}$$

这就是比赛成绩 t 与选手人数 n 之间的关系，设 $t = kn^{-1/9}$，拟合后有

$$t = 7.28n^{-1/9}$$

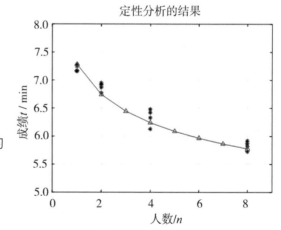

定性分析的结果

3. 进一步讨论

（1）在每个人体重都一样的情况下，赛艇的速度与人数的 1/9 次方成正比。这就解释了为什么人数多时速度快、需要时间少。

（2）在人数一定时，赛艇的速度与体重的 1/3 次方成正比，即重量级胜轻量级。这解释了与力量有关的体育比赛要按体重分级别进行的原因。

赛艇比赛中选手有四种基本级别：男子重量级，男子轻量级，女子项目和青年比赛。

举重比赛中体重影响很明显，因此级别划分更细。

（3）直接进行数据拟合也可以得到类似结论，但是近似分析不仅能说清楚其中的道理，也更容易迁移到其他问题中。

◆ 为什么有成语"一箭双雕"

"一箭双雕"，是指发射一支箭击中两只雕。

我们听说过"一箭双雕"的成语，但是没有"一箭三雕"或"一箭四雕"，这里面有什么原因？

从生物角度分析： 雕不是群居动物，很少有多只雕在一起飞行，这就使得"一箭双雕"很困难，"一箭三雕"几乎没有可能。

从物理角度分析： 箭射中雕后，继续飞行时改变了飞行轨迹，使得之前的瞄准作用不大；箭的长度有限，不可能穿过多只雕。

从定性分析的角度分析： 雕体型大，主要依靠上升气流盘旋为主，因此其飞行轨迹很有规律，有利于瞄准射击。

从数学角度分析： 抛物线和圆都需要三个点才能确定。过一点 A，可以有无数个圆。过两点 A 和 B，也可以有无数个圆，这些圆的圆心都在 AB 的中垂线上。过三点 A、B 和 C，只有一个圆：由于圆心在中垂线上，AB 与 AC 的中垂线交于 O 点，O 点就是圆心，AO 就是半径。与此类似，抛物线也需要三点确定。

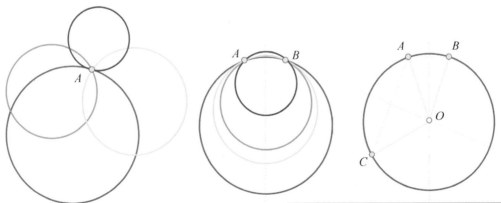

回到射雕的问题，根据物理知识，箭发射出去后沿着抛物线飞行，因此问题的本质就是：已知两只雕的位置，能否在地面找到发射位置，射出的箭沿抛物线飞行经过两只雕？

因为三点决定一条抛物线，天上盘旋的两只

老鹰看作 2 点（ *A* 和 *B* ），有经验的猎人可以很快找到第 3 点（发射点 *C* ），适当瞄准后，从数学上就可以保证有一根抛物线经过 *A*、*B*、*C* 这三点。也就是说："一箭双雕"在数学上是有保障的，而"一箭三雕"的条件在数学上存在的概率较小。

小结及点评

对于很多复杂的问题，不清楚如何建立精确的方程，或者不清楚其中的参数，在这种情况下，利用定性分析的方法，可以快速得出结论，甚至还是比较符合实际情况的结论。

在分析鸟的飞行问题时，涉及的参数很少，通过分析升力、重力与尺寸的关系，可得出"小型鸟很容易飞起来，大型鸟不容易飞起来"的结论。而大型鸟为了要飞起来，需要更大的翅膀，所以能飞行的大型鸟特点是翅膀大。更进一步，可以分析出大型鸟飞起来后不怎么扇动翅膀，主要靠上升气流盘旋，飞行轨迹比较固定，这又为"一箭双雕"提供了方便。

在赛艇问题中，涉及很多参数，但是在比较合理的假设下，通过实际情况或者物理原理，找出各参数之间的关系，最终回答了赛艇速度与人数的关系，并顺带解释了涉及力量的体育比赛为什么要按重量分级。

掌握了比例分析方法，可以很好地解释很多问题

1. 飞沙走石现象

一阵风吹来，大的石子纹丝不动，小的石子随风滚动，更细的沙子则会飘扬起来，所以有个成语是"飞沙走石"。类似鸟的升力和重力分析就容易理解，越小的颗粒在空中飘扬的时间越长，小到一定尺寸时，空气的扰动就可以使其长期飘浮。

2. 随地吐痰的陋习

基于上面的分析，就很容易理解为什么不能随地吐痰。痰中包含有很多细菌、病毒，痰在地面干枯后收缩破裂成很多小颗粒，风一吹，会扬起并飘浮很长时间，增加人的感染概率。

3. 屋顶的草

有时会看到房顶上长草。当然可能是鸟把草籽带上去的，不过也有可能是风把草籽吹起来飘到房顶上的。

5. 材料的性质——为什么筷子容易折断

生活中很多现象蕴含着丰富的哲理，如果我们能从中得到启发，就能超越复杂的知识，直接理解其深刻的道理。

在伽利略《关于两门新科学的对话》的中文译本封面上，有这样一段话：真理一旦被发现，都是易于理解的，重要的是去发现它们。

◆ 伽利略的发现

伽利略发现：造船工人在造大船时，并不是把小船按比例放大，而是有额外的加固。

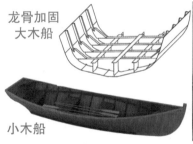

龙骨加固
大木船

小木船

大木船

经过研究，他在其著作《关于两门新科学的对话》中，详细描述了梁的弯曲试验和理论分析，指出长度相似的圆柱形梁，抗弯力矩和半径立方成比例关系。他指出工程结构的尺寸不能过大，它们会在自身重量作用下发生破坏。

他根据实验得出，动物形体尺寸减小时，躯体的强度并不按比例减小。他说："一只小狗也许可以在它背上驮两三只同样大小的狗，但一匹马也许连一匹和它同样大小的马也驮不起。"

他特别在书中指出：动物骨骼的尺寸与其体重不成比例。

伽利略的研究开创了材料力学这门学科，人们开始关注大型结构的强度问题。

材料力学中有几个重要的概念。

（1）刚度：刚度是指材料或结构在受力时抵抗弹性变形的能力，是材料或结构弹性变形难易程度的表征。简单说：刚度是材料抵抗变形的能力。

（2）强度：强度是指表示工程材料抵抗断裂和过度变形的力学性能之一。简单说：强度是材料抵抗破坏的能力。

（3）中性层：在材料力学方面指既不受拉又不受压的过渡层。在弯曲过程中，材料中长度不会发生改变的那一个层面就是中性层。

从力学的角度看，生活中豆腐块的厚度不能做得太大，早晨草上的露珠尺寸也不会太大，否则都会被其自身重量压垮。

◆ 材料拉伸和弯曲的现象与启示

如果我们想把一根竹筷子弄断，根据生活经验，拉断它是很困难的，但将其折断则是轻而易举之事。

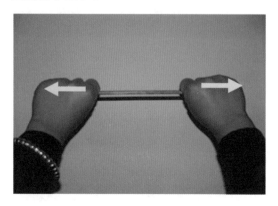
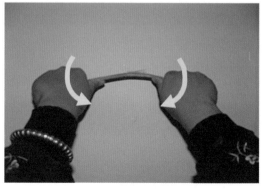

同一根筷子，为什么很难拉断却很容易折断呢？

竹筷子是由多根竹纤维组成的，那让我们看一下这些纤维在筷子被拉伸时的受力状况。

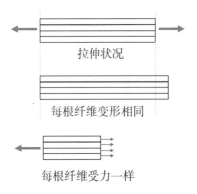

拉伸状况

每根纤维变形相同

在拉伸过程中，这些纤维要么都不断裂，要么一起断裂。这些纤维在拉伸过程中"团结一致"，从而不易被拉断。

再看一下筷子被弯曲时纤维的受力状况。

每根纤维受力一样

可以看出：在弯曲过程中，上侧纤维变长，下侧纤维变短，因此上下侧纤维受较大的力，中间纤维基本不受力。这些纤维在弯曲过程中"各自为战"，最上侧的纤维会首先断裂（可以从图片上看出）。

弯曲状况

每根纤维变形不同

每根纤维受力不同

如何解决物体抗拉不抗弯的缺点？

既然材料在弯曲时中间部分受力较小，上下两侧受力较大，为什么不把"好钢用在刀刃上"呢？也就是减少中间部分材料，增加上下两侧的材料，"工"字形梁因此而产生（工厂中的大型构件、铁轨等）。

如果受力方向不清楚，可能向不同的方向弯曲，那么空心圆管是一种有效解决方案，也容易加工生产。

注意：稻草、竹子和很多动物的骨骼都是空心圆管结构。

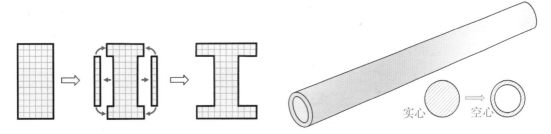

实心 空心

工字梁或空心圆管提高了材料的利用效率，但是一般用于较小的部件中。如果是大型工程，如铁路桥，该如何处理呢？

一种方案是把桥做得特别结实，这样成本就很高。另一种方案是从提高材料利用效率的角度，把桥做成中空的结构，但又不是整体的管子，而是一种被称为"桁架"的结构。

桁架是一种特殊的承载系统，在实际工程中有广泛的用处。其特点是结构是中空的，由多个部件构成。典型的桁架装置有起重机、桥梁、火箭发射塔、电视信号塔等。

以钢架桥为例，当火车开上桥后，桥总是要弯曲变形的（图中把变形夸大了）。如果桥是由整体钢材做成的，由于弯曲，材料利用效率不高，一定会浪费很多材料。

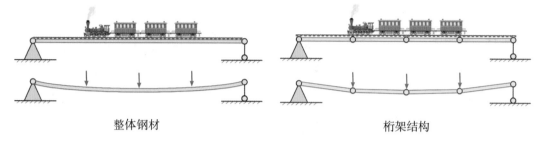

整体钢材　　　　　　　　　　　　　　　桁架结构

而桁架采用了一种方法，把很长的整体分解为较短的部件，每个部件之间通过铰链连接，连接点称为节点。钢轨铺在节点上，这样一来，整体看上去桥仍会弯曲，但是桁架中每个部件都是受拉或受压，因此材料利用效率最高。

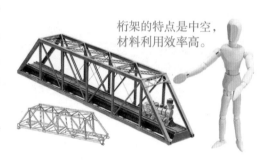

桁架的特点是中空，材料利用效率高。

当然桁架桥不是一根细杆，实际上是一个空间结构。

◆ 矿泉水瓶的表面为什么不平坦？

为什么矿泉水瓶的外表都是凹凸不平的，而水杯表面却很平滑？这里面有什么道理？

这可以从一张纸说起。一张纸很薄，可以认为是中性层，在弯曲过程中长度不发生改变，也基本不能承受弯曲载荷。但是一张纸折叠后，等价于增加了厚度，可以承受一定的弯曲载荷。

类似的，矿泉水瓶属于一次性使用物品，壁厚则造成材料太浪费。瓶子外表凹凸不平，相当于增加塑料的厚度。否则，喝水时用手一捏，水容易喷得到处都是。

水杯比较厚，因为它经常使用，如果壁薄容易磨损。水杯外表没有必要凹凸不平，表面平滑可以减少加工成本。

◆ **体验环节**

设计搭建一座简易纸桥。要求：只用纸张；距离 60 cm（架在两张桌子或两本书之间）；不用手扶，能通过一辆遥控小车。

材料：每队 20 张实验纸 +2 张测试纸。

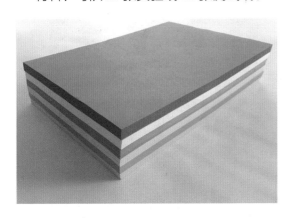

设想：可以先把单张纸叠成 W 形、凹形、圆柱形、三角形等不同形状，测试比较不同形状的承载能力，然后选择适当的方式把纸桥架起来并进行测试。

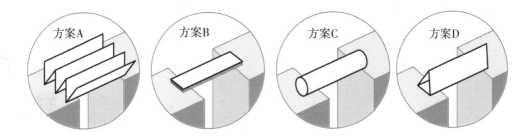

如果没有胶水、胶带、绳子，也可以采用下面的方式连接纸张。

（1）把 2 张纸各自折叠一小部分，相互钩住，然后就可以做成较长的圆筒或三棱柱等。

（2）用剪刀把纸剪成细条（手撕也可以），然后搓成绳子，用绳子绑住两个圆筒或三棱柱。

（3）用剪刀在两个圆筒或其他形状的部件上剪个小口子，用更细的圆筒或绳穿过，连接不同的部件。

（4）两个圆筒或三棱柱，一个开口大些，一个开口小些，两个可以重叠一部分套在一起。

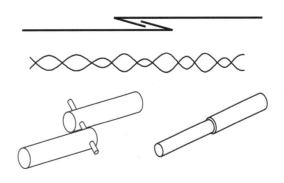

下面是大学生比赛时的照片。

小结及点评

作家乔纳森·斯威夫特（Jonathan Swift，1667—1745，英国）写过《格列佛游记》，小说中描述的小人国和大人国看上去与正常人一样符合比例。严格说这只是作者的想象。如果这个世界上真有大人国和小人国，那大人国的人就将像恐龙一样笨拙，步履艰难；而小人国的人倒会是像猴子一样伶俐无比（参考"为什么大型鸟不容易飞起来"）。

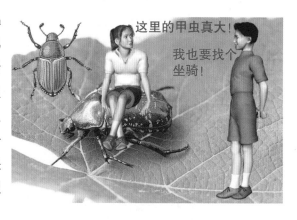

如果小人国的人像金龟子那么大，你认为会出现什么问题？还能长得像人吗？

金龟子全身是盔甲（外骨骼），身体内没有骨头。为什么会这样？因为金龟子身体尺寸太小，如骨头长在身体内部，会特别纤细，稍有风吹草动，可能就骨折了。

6. 摩擦自锁——你能一只手抓起篮球吗

摩擦的作用并不是那么一目了然。

亚里士多德认为：力是维持物体运动的原因。因为人们很容易理解：当用力推时物体会运动起来，而不推时物体就不会运动。但实际上这句话并不正确，因为他没有考虑摩擦力。

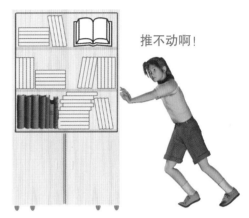

推不动啊！

摩擦在很多现象中都起着重要作用。在篮球比赛中，经常能见到运动员用一只手抓起篮球，而我们绝大部分人都做不到。这不是因为篮球有多重，而是因为摩擦起了主导作用。

要分析手抓篮球问题，除了要具备摩擦知识，还需要具备二力平衡和三力平衡的一些知识。

我以后也能单手抓篮球！

◆ 力的平衡公理

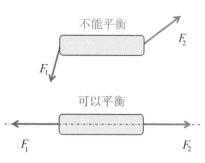

二力平衡公理是力学中的一条简单而重要的公理，作用在物体（刚体）上二力平衡的充要条件是：两个力大小相等、方向相反，且作用在同一直线上。

根据二力平衡公理，可以推论：三力平衡时，三力作用线必交会于一点。原因是 F_1 和 F_2 这两个力可以合成一个力，该合力与 F_3 构成二力平衡，所以三力应该交会。

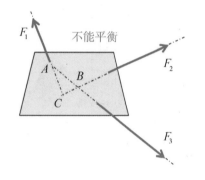

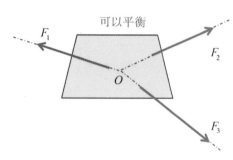

◆ 摩擦的基本特点

摩擦可以分为干摩擦（如走路、系鞋带等）、湿摩擦（如黏性阻尼）和结构内摩擦（如铁丝弯曲发热）。

摩擦的机制很复杂，至今未有最后定论，主要有凹凸接触理论、分子理论、静电理论、黏着理论等。

1. 静摩擦力的方向

摩擦力 F 的方向与两接触物体相对滑动趋势相反。

注意：物体运动时方向很好定，但物体静止时要考虑相对滑动的趋势。

加缪（Albert Camus，1913—1960，法国）在《西西弗斯的神话》中，描写西西弗斯（Sisyphus）得罪了诸神，诸神罚他将巨石推到山顶。然而每当他用尽全力将巨石推近山顶时，巨石就会从他的手中滑落滚到山底。西西弗斯只能再次将巨石向山顶奋力推去，日复一日

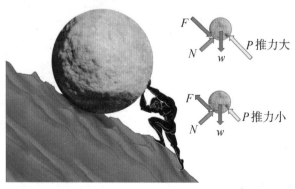

陷入了永无止息的苦役之中。

假设某一时刻西西弗斯小憩，如果此时精力充沛，力气较大，则巨石有向上滚动的趋势，这时摩擦力沿斜面向下；如果西西弗斯有些疲惫，力气较小，巨石有向下滑落的趋势，这时摩擦力沿斜面向上。

2. 最大静摩擦力

最大静摩擦力 F_{max} 的大小与正压力 N 成正比。在物体平衡时，有 $P = F \leqslant F_{max}$。

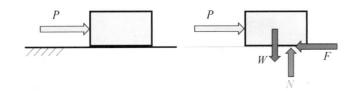

3. 摩擦角与摩擦锥

当摩擦力达到最大静摩擦力时，摩擦力与支撑反力的合力 R（也称全反力）和约束面法向的夹角称为摩擦角 θ_m。

找摩擦角的方法：把物体放在平面上，慢慢增加倾角，当物体开始滑动的时候，这时斜面的倾角就是摩擦角。

以约束面法向为中心轴，以 θ_m 为顶角的正圆锥叫作摩擦锥。

注意：不管物体平衡或运动，R 一定在摩擦角或摩擦锥内。

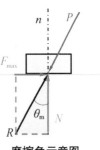

摩擦角示意图

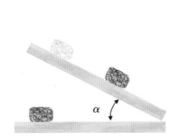

测摩擦角示意图

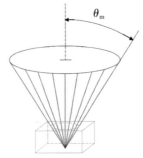

摩擦锥示意图

4. 摩擦自锁现象

当主动力合力 P 的作用线位于摩擦锥以内时，无论主动力 P 多大，全反力 R 都可与之平衡，此现象称为摩擦自锁。

下面举一个简单的例子：如果想用手推动书本，手的用力方向应该在摩擦锥外。作为特例，

垂直向下用力（落在摩擦锥内）推动时，不管用多大的力，都不能推动书本。

生活中很多现象与摩擦自锁有关，如工地上沙子会堆积成一个圆锥，而圆锥的角度就是沙子的摩擦角。

千斤顶中的螺母展开后，就是一个斜面。在设计时要求该斜面的角度小于金属之间的摩擦角，否则把汽车顶上去后，只要一松手，汽车由于自重就会自己落下来。

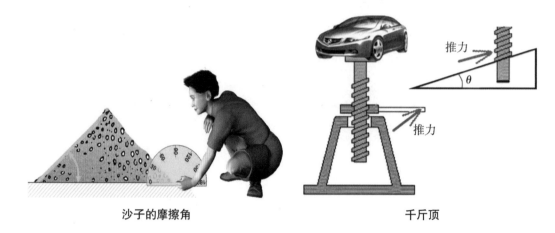

沙子的摩擦角　　　　　　　　　　　　　千斤顶

◆ 手抓篮球问题

有了前面摩擦的基本知识，就可以来分析手抓篮球的问题。

为简单起见，只考虑两个手指接触篮球的情况。假设手指的主动抓力为 P，手指接触处摩擦力和压力的合力为 R。

综合利用摩擦角和摩擦自锁的概念，有这样的结论：主动抓力 P 引起摩擦力和压力，反全力 R 与 P 反向共线；R 一定在摩擦角内（后面用黄色区域表示摩擦角）。

1. 不考虑篮球的重量
为简单起见，先不考虑篮球的重量。

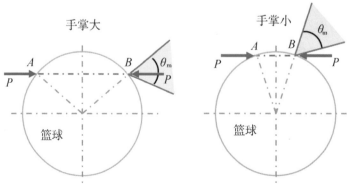

由二力平衡关系，A、B 两点的力必须沿着 AB 连线方向。可以看出，手掌大时（A、B 两点的距离大）手指的抓力落在摩擦角内；手掌小时（A、B 两点距离小）手指的抓力落在摩擦角外。

类比前面用手推动书的问题：抓力 P 落在摩擦角内篮球可以保持平衡，即手可以抓住篮球；抓力落在摩擦角外时，R 与 P 反向也落在摩擦角外，但 R 不可能落在摩擦角外，即表示手抓不住篮球。

正常人的手掌大小与身高成正比，美国职业篮球队员平均身高为 195 cm，中国职业篮球队员的平均身高为 200 cm，中国成人（18—44 岁）男性平均身高 170 cm。篮球队员手掌大，用一只手抓起篮球比较容易，而普通人一般做不到，不是因为力气不够，而是因为在其中起了关键作用的摩擦角不够大。

2. 考虑篮球的重量

如果考虑篮球的重量，利用三力交会，同时考虑 R 只能在摩擦角之内，极限情况下沿着摩擦角边界，可以看出，手掌大时，抓力 P 有向上的分量可以和篮球重力平衡，而手掌小时 P 没有向上的分量，篮球不可能平衡。

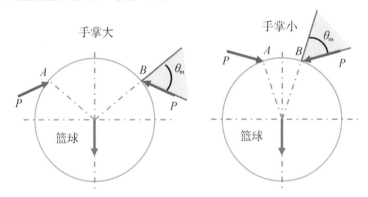

总之，不管是否考虑篮球的重量，手掌小都不可能直接抓起篮球，而手掌大则有可能，与篮球本身的重量关系不大。

小结及点评

生活中我们会在很多场合接触到摩擦。利用摩擦的概念，特别是摩擦角的概念，可以解释很多现象。

有兴趣的读者可以尝试自己分析一下：用筷子夹黄豆和乒乓球，哪种更容易夹起来？手拿筷子的不同位置，哪种情况下更容易夹起黄豆或乒乓球？

7. 从细节处进行定性分析——用力学如何"考古"

定性分析加上一些近似计算，可以解决更多问题。例如，下面对古埃及壁画进行的分析。

古埃及是一个充满神秘色彩的国度，有记载的历史长达 5 000 年。她留给我们许多文化遗产，如巨大的金字塔、神秘的狮身人面像、楔形文字、木乃伊，以及众多的石雕、石刻。

有一种观点认为，古代文明不可能那么辉煌，古代的记载是不可靠的，其中充满了神话、想象以及不准确的描述。支持这种观点的例子有：中国古代关于天上有九个太阳、后羿射日、嫦娥奔月等记载；柏拉图在《克里特阿斯》中记载的"亚特兰蒂斯"等。

另一种观点认为，古代的记载是有根据的，只要剥开其外表，就会

发现其核心是真实的。支持这种观点的例子有：中国古代关于超新星（蟹状星云）的记录；古希腊关于特洛伊战争的神话（由此人们真的找到了埋于地下的特洛伊城）。

因此，我们尽量不要带着偏见去分析历史。任何事物都有其多方面的属性。如果事物是真实的，总可以找到直接或间接的证据；如果事物是虚假的，总会露出蛛丝马迹。

◆ 对法老壁画的分析

根据这种观点，我们尝试对古埃及某幅壁画进行一次小小的考证。这幅壁画反映了约公元前 1900 年奴隶们搬运一个石雕巨像的情景，壁画出自古埃及第十二王朝法老杰胡提霍特普 Djehutihotpe 之墓，地点位于古埃及的科普特村庄（Deir el-Bersha）。我们尝试分析壁画的内容是否真实，如果壁画内容是真实的，也许可以从力学的角度找出旁证。

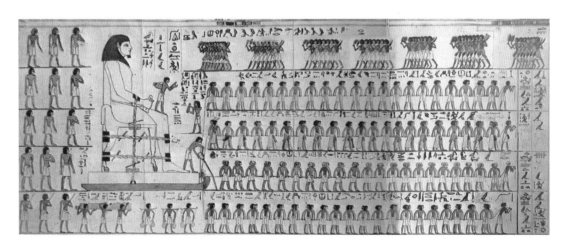

1. 基本参数

仔细观察可以发现：巨像放在滑板上，由 172 个奴隶拉着，一个人在指挥，一个人在滑板上将液体倒在地面上进行润滑。资料中所给的巨像重量约为 60 吨（t）。

看了这幅图后，你可能会有几个疑问：

（1）为什么雕刻中有 172 个奴隶在拉石像？这个数目是随意的还是有寓意的？

（2）资料中所说石像有 60 t，是否合理？

（3）从力学角度看，这些人是否能拉动石像？

首先估计巨像重量约为 60 t 是否可靠。

2. 重量近似分析

假设壁画的画面是按一定比例雕刻的，可测出巨像中的法老身高约为奴隶身高的 5 倍，则体积应为 5^3 即 125 倍。设奴隶体重 80 kg，人体密度约为 1 g/cm³（可以这样估计：人在水中，吸气可以浮在水面上，呼气就会沉下去，因此推出人体的密度十分接近水的密度），石块密度一般在 3 g/cm³ 左右（埃及巨型雕刻一般用花岗岩、玄武岩等做材料；花岗岩密度为 2.79 ~ 3.07 g/cm³，玄武岩密度为 2.8 ~ 3.3 g/cm³）。

因此壁画中法老重量估计为 80 kg × 125 × 3=30 000 kg=30 t，再加上座椅及底座，巨像总重为 60 t 是比较可靠的。

3. 拉力近似分析

设滑板经润滑后与地面的摩擦系数（μ）为 0.23 [查《摩擦学手册（摩擦磨损润滑）》可知]，若要搬动巨像，每个奴隶的平均拉力至少应大于

$$F = \frac{\mu mg}{n} = \frac{0.23 \times 60 \times 1\,000 \times 9.8}{172} \approx 780 \ (\text{N})$$

780 N（约 80 kg）是否能实现呢？

```
0  78 N        780 N              7 800 N
   △            △                  △
太轻松了      有可能            不可能实现
```

我们可以先设想奴隶的数目扩大到 10 倍，则每人的拉力只需要 78 N（约 8 kg），这可能吗？要知道很多小学生能轻松抱起同学，至少超过 20 kg 吧，因此 78 N 太轻松了，法老不可能让这么多人干这么轻松的活。

再设想奴隶的数目缩小到十分之一，则每人的拉力需要 7 800 N（约 800 kg），这可能吗？参考举重比赛，目前 105 公斤级选手的抓举成绩为 213 公斤、挺举成绩为 263 公斤（1 公斤 =1 千克）。由此可见 800 kg 远超常人的能力。注意：有时节目中可以看到大力士拉动飞机的表演，其

实一方面飞机是滚动摩擦，需要的拉力远小于自重；另一方面选手可以拉着固定的绳子，估计需要的拉力在 3 000 N 左右。

经过比较，比 780 N 大一个数量级或小一个数量级都不太可能，而 780 N 处在一个可以接受的范围内。

但有一个问题：体重为 80 kg，拉力为 780 N，那么摩擦系数不就接近 1 了吗？

我们有理由认为奴隶们光着脚工作，而皮肤与地面的摩擦系数是可以大于 1 的。想验证摩擦系数是否大于 1，可以把物体放在手掌上，慢慢倾斜，如果到 45° 还不打滑，就说明摩擦系数大于 1，实际上皮肤与物体的摩擦系数通常大于 1。因此，奴隶体重为 80 kg，拉力为 780 N 并不会导致什么矛盾。

综合浮雕分析可以得出结论：这些奴隶是可以搬动这座巨像的。但也可看出，奴隶们的劳动强度是巨大的，这一定程度上也符合历史上的记载。

如果有兴趣，还可以进一步分析，例如，当时的绳子应该由稻草或棕榈编成，根据材料的力学性能，可以估计绳子的大致粗细，如果估算出绳子直径大于 20 cm，肯定不合理；绳子直径可以接受的范围应该在 5~10 cm，这样手掌才握得住。

◆发现蟹状星云的来龙去脉

蟹状星云（Crab Nebula，编号 M1）是位于金牛座 ζ 星（中国古代称为"天关"）东北面的一处超新星残骸，距地球约 6 300 光年，直径达 11 光年，并以每秒约 1 300 km 的速度膨胀。

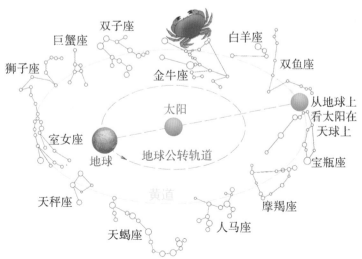

据历史记载，1054 年 7 月 4 日（宋仁宗至和元年五月己丑），方位在天关星附近，出现了特亮的"天关客星"，即超新星爆发。

《宋会要》：嘉祐元年三月，司天监言：客星没，客去之兆也。初，至和元年五月，晨出东方，守天关。昼如太白，芒角四出，色赤白，凡见二十三日。

《宋史·天文志》：宋至和元年五月己丑，客星出天关，东南可数寸，岁余稍没。

《宋史·仁宗本纪》：嘉祐元年三月辛未，司天监言：自至和元年五月，客星晨出东方，守天关，至是没。

上面记录的内容大体相同，大致是说：宋至和元年五月己丑（1054 年 7 月 4 日）开始，有"客星"出现在天关（金牛座 ζ 星）附近，颜色赤白。在最初的 23 天，即使在白天，其光亮也如"太白"（金星），肉眼可以看见。

为什么说上述的记录可靠呢？证实过程确实有些出人意料

1054 年，中国古代天文学家最早发现天关客星。

1731 年，天文爱好者约翰·贝维斯（John Bevis，1695—1771，英国）发现蟹状星云。

1758 年，查尔斯·梅西耶（Charles Messier，1730—1817，法国）将蟹状星云排在他所编的星云表第 1 号。

1848 年，罗斯伯爵（William Parsons，1800—1867，英国）观测到了此星云，因为他绘制的图像形状与螃蟹类似，因此被称为蟹状星云。

1921 年，兰姆兰德（Carl Lampland，1873—1951，美国）和邓肯（John Duncan，1882—1967，美国）彼此独立地发现蟹状星云在膨胀。

1928 年，哈勃（Edwin powell Hubble，1889—1953，美国）测量出蟹状星云的膨胀速度。

根据蟹状星云的膨胀速度和大小，反推在 900 年前是一个点；那时是中国的宋代，而中国古代有很多天文记录；再查找宋代有关的天文记录，由此断定蟹状星云是古代中国发现的"天关客星"的遗迹。在发现蟹状星云膨胀速度之前，没有人意识到宋代的"天关客星"就是现在的蟹状星云。

中国古代的记录数不胜数，里面可能保存有大量有价值的信息，需要有心的人去发现、证实。

◆ 特洛伊城的神话

荷马（Homēros，约前 9 世纪—前 8 世纪，古希腊）写了著名的《伊利亚特》（The Iliad）与《奥德赛》（The Odyssey）这两大史诗。诗中所描绘的事情可能比荷马早 500 年，即发生在公元前 13 世纪。

在古希腊文明的全盛时期（前 6 世纪—前 4 世纪），特洛伊战争被视为希腊人早期的一段历史，特洛伊也被誉为希腊人获得辉煌胜利的地方。但到了 19 世纪，特洛伊和特洛伊战争不再被认为是历史，它们被视为模糊不清的神话或传奇。

1829 年，只有 7 岁的谢里曼（Heinrich Schliemann，1822—1890，德国）阅读了特洛伊战争的故事，在他幼小的心灵上打下了深深的烙印，他认为特洛伊一定是真的，并发誓在长大后一定要找到它。

长大后他带着唯一的向导《伊利亚特》，根据书中描述的一些山川河流、植物特点等线索，在土耳其的西沙里克小山附近，发掘出了很多宝藏并向世界证明了一个神话的存在。

没想到我会亲眼看见荷马笔下的这座不朽城市。

——谢里曼

✐ 小结及点评

利用定性分析的方法，对问题中的各种参数进行大致的分析（类似前面估计人体的密度，虽然近似但有依据），就可以对问题有比较可靠的估计，而不是完全凭空猜测。

作者曾经为中央电视台《异想天开》栏目设计过很多挑战节目，有时涉及估算一些参数而没有任何工具。其实我们的身体就可以提供不少测量工具：一般情况下，成年人手的小指宽约 1 cm，大拇指宽约 2 cm，手掌宽约 10 cm，手掌张开大约 20 cm，脉搏大约每分钟 70 次，以及自己的体重（以上具体数值因人而异，自己测量一次就可以使用很久）。这些信息都可以帮助我们快速估计某些问题的参数。

从"天关客星"到蟹状星云的证实过程，不仅证明了古代一些记载真实可靠，也反过来验证了超新星爆发的速度。

特洛伊的故事表明，古代的叙事可能会带有神话色彩，但是其内核是真实的。类似的情况在《西游记》中也有体现：玄奘法师西去印度取经确有其事，他途经西域众多小国，也许会找当地人带路、挑东西，西域男性毛发胡须众多，与中原百姓差异较大。到了吴承恩写小说时，经过艺术加工就演变成孙悟空、猪八戒等形象。

因此我们要客观地面对问题，任何事物都有多方面的属性，只要有心，总可以从某些角度找出有说服力的证据。

用力学知识进行"考古"，表明了知识和方法的迁移，也是跨学科的趣味挑战。希望大家学会基本知识和方法，对自己感兴趣的问题进行一番探索。

8. 吉他品柱的距离——疏密排列背后有什么道理

吉他、小提琴能演奏出优美的旋律，本质是琴弦振动通过空气传到我们的耳中，我们听到的旋律与振动频率 f 相关，而声音的强弱与振幅 A_0 相关。

A_0 振幅

$A=A_0\sin(2\pi ft)$ f 频率

t 持续时间

◆ 吉他的尺寸

以吉他为例，吉他由共鸣箱、琴颈、琴头及琴弦等部件组成。每根琴弦粗细不同，固定在琴桥与琴头之间，琴颈上有 19 根品柱，第 i 个品柱与琴桥的距离为 l_i（$i=0,1,2,\cdots,18$），可以注意到这些品柱从密到稀排列着，这里面有什么道理吗？

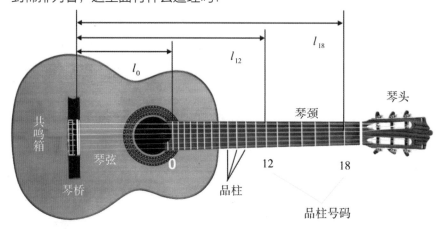

1. 十二等程律

世界上通常把一组音（八度）分成十二个半音的律制，各相邻两音的振动频率之比完全相等，亦称"十二等程律"或"十二平均律"。由于相差八度的音频率是 2 倍关系，因此相邻的两个半音频率之比是 $\sqrt[12]{2} \approx 1.059\,5$。

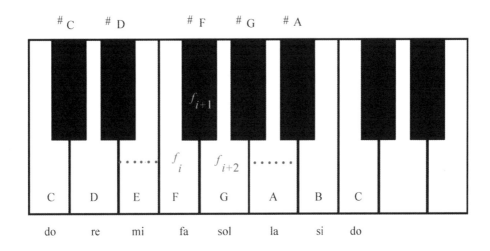

据考证，约在公元前 2 世纪，古代中国在音乐实践中开始应用平均律，但平均律理论的出现，则是在 1584 年明代朱载堉《律学新说》问世之时。

2. 吉他品柱的距离关系

手按住琴弦某处，相当于琴头处的固定端移到手指处的品柱，改变了琴弦的长度，从而改变了振动频率。那么不同品柱与琴桥的距离存在什么关系呢？

某 34 寸品牌吉他（全长 866 mm）实际品柱与琴桥的距离见表 2-3。

表 2-3 吉他各品柱与琴桥的距离（根据实际照片测量）

号码	0	1	2	3	4
距离 /mm	195.91	207.67	219.87	233.15	246.87
号码	5	6	7	8	9
距离 /mm	261.93	277.26	293.92	311.20	329.75
号码	10	11	12	13	14
距离 /mm	349.20	369.97	392.01	415.63	440.07
号码	15	16	17	18	—
距离 /mm	466.16	494.05	523.53	556.00	—

对音乐熟悉的读者可能会注意到，国际标准音的频率值（表 2-4）与表 2-3 中的部分品柱距离值（红色标注）竟然十分接近，是否出乎你的意料？

表 2-4　C 大调国际标准音频率

音名	do	re	mi	fa	sol	la	si
频率 /Hz	261.6	293.6	329.6	349.2	392	440	493.8

利用动力学建模的方法，可以列出琴弦振动的方程，得出振动频率（我们听到的乐声）与按住品柱后琴弦的长度有直接关系（这里略）。如果是别的吉他品牌，即使不会出现频率值正好等于品柱距离值这种情况，也要满足比例关系。不管什么尺寸的吉他，理论上相邻的品柱与琴桥的距离比值应满足 $l_{i+1} / l_i \approx 1.0595$。

实际计算后发现相邻品柱距离的比值特别接近，相对误差最大不超过 0.15%（表 2-5），说明该吉他质量很好。

表 2-5　吉他各相邻品柱与琴桥的距离比值及误差

号码	1	2	3	4	5	6
比值	1.059 9	1.060 0	1.058 7	1.060 4	1.058 8	1.061 0
误差	0.041 2%	0.050 7%	0.072 0%	0.088 4%	0.062 6%	0.145 1%

号码	7	8	9	10	11	12
比值	1.058 5	1.060 1	1.058 8	1.059 6	1.059 0	1.059 5
误差	0.090 9%	0.060 1%	0.062 6%	0.012 9%	0.04 7%	0.003 5%

号码	13	14	15	16	17	18
比值	1.059 6	1.060 3	1.058 8	1.059 3	1.059 8	1.059 7
误差	0.012 9%	0.079 0%	0.062 6%	0.015 4%	0.031 8%	0.022 4%

◆ **声音与振动**

声音是一种振动，有一定的频率。当两物体频率相同或接近时，会产生共振。

共振在声学中亦称"共鸣"，如两个周期相同的音叉靠近，其中一个振动发声时，另一个也会发声。

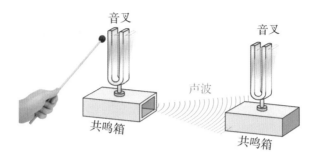

蝉、蟋蟀、蝈蝈的鸣叫声调大不相同，但其中的共同之处都是借助了共振的原理，蝉的发声是腹部鼓膜振动引起共振发声。

唐代韦绚写的《刘宾客嘉话录》里，记载着这样一个故事：唐开元年间，洛阳有一个姓刘的和尚，他的房间内有一个磬，常会自动响起来。这使他大为惊奇，终于惊扰成疾。

和尚的一位好朋友曹绍夔是宫廷的乐令，不但能弹一手好琵琶，而且还精通音律。他闻讯前来探望和尚，经过一番观察，发现每当寺院里的钟响起来时，和尚房里的磬也跟着响了。于是曹绍夔要了锉刀把磬磨去几处，从此以后磬就不再自鸣了。

把它锉一下就好了。

你去找锉刀。

表 2-6　中国古代的五声音阶

音名	do	re	mi	fa	sol	la	si
频率	261.6	293.6	329.6	349.2	392	440	493.8
	宫	商	角	(半音)	徵	羽	(半音)
	1	2	3		5	6	

中国古代五音指宫（gōng）、商（shāng）、角（jué）、徵（zhǐ）、羽（yǔ），成

语"五音不全"指这五个音。与现代的七音相比，古代的五音所缺的两个音，是半音 4 和 7，在钢琴的键盘上，它们与白色键直接挨在一起（其他的音都是中间隔一个黑色键）。

✏️ 小结及点评

从琴弦的案例中可以得出几点结论：

（1）吉他相邻品柱的距离与音乐的频率有关，由于相邻半音频率满足十二平均律，品柱的距离之比也满足这一关系。

（2）对于某种品牌的吉他，品柱距离的数值就是国际标准频率的数值。这也许属于巧合，但是知道其中道理后就不会感到奇怪了。

（3）上述分析还只是从表面现象进行分析，如果想更深入了解，需要用动力学的方法解释现象背后的道理：列出琴弦振动的动力学方程，直接求出振动频率与各种参数（琴弦张力、长度、粗细等）的关系。

共振或共鸣是一种现象，当频率接近时，一个物体的振动会引发另一物体的振动，了解了这一现象，就可以利用其解决问题或避免某些问题。

历史上多次出现军队正步过桥导致桥倒塌的惨剧：1831 年，英国曼彻斯特附近发生过军队齐步过桥时使桥共振致塌的事故；1849 年，法国士兵列队通过昂热市曼恩河上的大桥时，桥身突然发生断裂；1906 年，沙皇俄国的军队迈着整齐的步伐通过彼得堡附近的桥时，桥身亦突然断裂。正是因为军队的正步频率与桥的频率接近，才造成了桥的倒塌。因此，现在军队过桥时要求便步，避免产生共振。

9. 从投影说起——如何从具体问题上升到方法

投影是一种变换，而变换是数学中最常用的一种处理方法。有时问题很复杂，一时难以得出结论，如考虑特殊情况，容易得出结果，再对特殊情况下的结论进行处理，有可能得出一般情况下的结论。

对学生而言，学习了很多知识，但是能否利用这些知识解决问题？能否从已有的知识中获取新的知识？在知识爆炸和人工智能时代，知识的获取已经不是很困难的事情，关键是如何利用相关知识处理面临的问题，在这里，思维及方法的重要性就凸显出来了。

基于此，作者强调要增强学生"运用知识解决问题"的能力。

◆ 泰勒斯如何知道金字塔的高度？

有记载的最早利用投影的故事是：哲学家泰勒斯曾游学埃及，他不用登上金字塔就知道了金字塔的高度，令祭师对他十分敬畏。

他测量金字塔的方法很简单但很有启发性：立一根标尺，以标尺长度为半径，画一个圆。不同时刻影子长度在变化，总会有某一时刻影子正好落在圆上，这一时刻影子长度等于物体高度。利用阳光把物体的高度变为影子的长度，通过这种方法，把难以测量的高度问题，变为容易测量的长度问题。

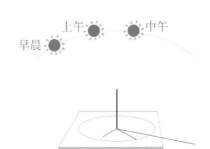

人人都知道物体在阳光下有影子，影子长短会变化，但是泰勒斯利用这些知识或常识，制作了一个小小的装置（把高度和长度进行了关联和转换），就可以解决某些问题，他把知识转变成了解决问题的能力。

◆ 投影的扩展

投影的物理意义是把物体的维数减少，或者说在一个方向上进行压缩。例如，三维（立体）的手掌在墙上的投影就是二维（平面）图形；二维平面的地图就是三维地球的投影。但是我们所看到的地图并不是把灯放在地球外部进行直接投影，那样的话各大洲会全叠在一起。需要把灯放在地球内部，把球面与柱面建立映射关系，这样才能得到有用的世界地图。

1. 想象一下不同维度的世界

上述投影是真实物理世界中的投影，但是很容易把投影的概念推广到更一般的情况。我们扩展一下思维，跳离我们熟悉的三维世界。

当三维空间中的立方体投影到二维世界中，生活在二维世界的人们会很惊奇地看着它。当我们嘲笑他们时，也许更高维空间的人们正在嘲笑我们，因为我们面对来自四维空间中的立方体投影也会很惊讶。

科学家很容易把三维空间推广到任意 N 维空间，并用来处理各种复杂问题。例如，爱因斯坦的相对论就要在四维的时空中进行考虑。

2. 投影的另一种理解

我们知道，物体在阳光下影子长短会变化，如果阳光从顶部直射，影子长度就为零。

这一事实蕴含着处理问题的方法：把未知量向垂直方向投影，未知量就不出现，从而就简化了处理过程。

在数学、物理问题中，投影表现为矢量的点乘。而点乘的特点是：**相互垂直的量点乘为零**。其本质就是投影，利用这一特点可以消除一些未知数，或者使方程解耦。

例如，物体在一些作用力下平衡，其中红色的 P_1、P_2 是未知量。根据力的平衡方程，在水平和垂直方向投影，如图未知量投影方案一，可以得到 2 个方程，但是这 2 个未知量耦合在一起，求解麻烦。如果向与 P_2 垂直的 MN 方向投影，如图未知量投影方案二，可以直接找出 P_1 与其他已知量的关系。

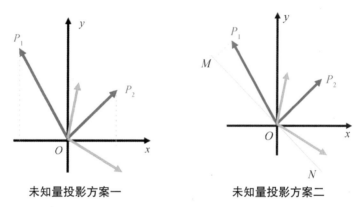

未知量投影方案一　　　　　未知量投影方案二

如果未知量超过 2 个，这种直接投影的方法将受到限制。但是这种利用投影（点乘）消除未知量的思想是重要的，并在很多领域得到应用。

◆ 从特殊到一般：如何求三角形的面积

下面的重点不是介绍如何计算三角形的面积，而是通过三角形面积的推理论证，展示如何从一种特殊情况下的结论，上升为一般情况下的普遍结论。

1. 矩形的面积

关于矩形的面积，可以这样来理解：如果我们有一些边长为 1 的正方形小瓷砖（定义该瓷砖为 1 个单位面积），现在要铺满矩形区域（边长为 a 和 b，先假设 a、b 是整数），需要多少小瓷砖呢？

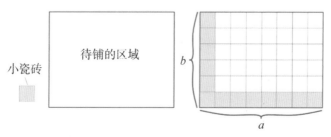

容易看出：要铺满矩形，水平方向需要铺 a 块，竖直方向需要铺 b 块，一共需要铺 $a \times b$ 块瓷砖。每块小瓷砖的面积是 1 个单位，那么矩形的面积是 $a \times b$ 个单位面积。根据上面的特例，我们定义矩形的面积为

$$S_\square = a \times b$$

如果矩形的边长不是整数，例如：矩形长是 1.2 m，宽是 0.8 m，上面的公式还成立吗？还是 1.2 m × 0.8 m=0.96 m² 吗？

处理方法：调整尺寸的单位，总可以把边长用整数表示。例如，把长度单位用分米（dm）表示，变为：矩形长为 12 dm，宽为 8 dm，用边长为 1 dm 的正方形小瓷砖去铺，需要 12×8=96 块小瓷砖。而 96 块小瓷砖的面积是 96 dm²，由于 1 m²=100 dm²，有

$$96 \text{ dm}^2 = 0.96 \text{ m}^2$$

因此，矩形面积 $S_\square = a \times b$ 是一般的规律，与边长是否为整数没有关系。

2. 特例：直角三角形的面积

以矩形的面积计算公式为基础，下面来研究三角形的面积公式。

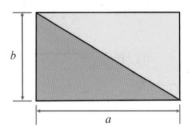

处理方法：把矩形沿对角线分割，从而得到两个完全相同的三角形。

由于已经知道矩形的面积是 $S_\square = a \times b$，将矩形分为两个完全相同的三角形后，我们马上可以得到如下结论

$$S_\triangle = \frac{1}{2} S_\square = \frac{1}{2} a \times b$$

新的问题：现在得到了三角形的面积公式 $S_\triangle = \frac{1}{2} a \times b$，但是这个三角形有点特殊，是直角三角形。

在一般情况下，任意三角形的面积还是这样吗？该如何分析呢？

3. 扩展迁移

设想用一些高度相同、长度不同的矩形摆成图形 A，然后把每个矩形适当水平移动，得到图形 B。很明显，图形 A 和 B 的面积相同。

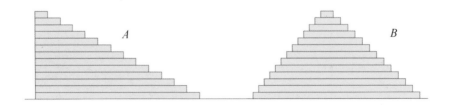

如果让每个小矩形的高度更小，结论相同。

注意：当小矩形的高度越来越小时，图形 A、B 越来越接近三角形。利用这种极限划分的思想，从而得出结论：三角形的面积只与底边长度和高度有关，与形状无关。

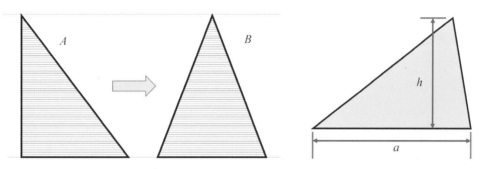

于是有下面更一般的结论：设 a 是三角形的底边长度，h 是三角形的高（从顶点到底边的距离），则三角形的面积为

$$S_\triangle = \frac{1}{2}\, a \times h$$

可以看出，当三角形是直角三角形时，高 h 就是另一直角边 b，因此前面直角三角形的面积 $S_\triangle = \frac{1}{2}\, a \times b$ 是特例。

4. 实际验证环节

上面是理论推导，对于少数坚持"眼见为实"的人（尤其是还不具备逻辑推理能力的小学生），可以用实物进行验证。

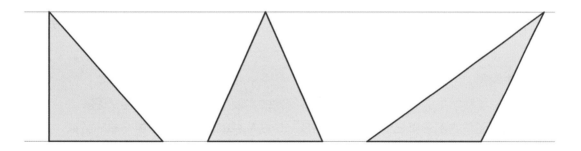

在 AutoCAD 中画出了 3 个三角形，底边都相同，高也相同，但形状不同。

首先利用 AutoCAD 测量面积的工具直接测量三角形的面积，发现它们的面积相等（当然这还是理论数值，不过从不同的途径得到相同的结论，我们应该比较相信前面的推导了）；然后利用激光切割机加工获得实物三角形，再利用高精度天平测它们的质量（这是实际数据，可以认为木板厚度相同，因此质量只与面积有关）。

下面是不同形状的三角形称量时的照片：天平精度是 0.01 g，三角形的质量均显示是 1.64 g。说明至少在 0.01 g 的误差范围内，它们质量相同。

因此，理论与实践都表明，三角形的面积为 $S_\triangle = \dfrac{1}{2} a \times h$。

这一过程就是先从特例获得猜想，经过简单处理和验证后得到一般性的结论，其中运用的方法值得我们借鉴思考。

 小结及点评

我们的认知从简单到复杂，从具体到抽象。如何上升到更高的层次，值得我们思考。

学会解决问题的方法远比题海战术重要得多。

从泰勒斯的故事中我们发现，他利用人人都知道的常识解决了当时的难题并被传颂至今。这给我们深刻的启示：知识的掌握并不在于多少，更重要的是融会贯通，能够灵活运用并解决问题。

把投影与数学中的点乘建立联系，使得问题的本质更为简单，也更容易理解。

三角形面积的例子直观地展示了如何从一个很简单的问题，引出更一般的结论，并巧妙地进行证明。把一个特殊的结论上升为一般的结论，扩大了我们的认知范围。

作者在清华大学教学时，启发学生，如果问题太复杂，可以先分析简单情况，而简单情况通常容易找出解答，然后根据简单问题的解答，猜测一般情况下可能的解答。因为有了一些依据，不是无目的地猜测，而是言之有据，这样就容易解决最终问题。也希望大家从这里得到参考借鉴。

第三章　创意与发明

创意，更多的是指一种想法或方案，有大的方向，细节不一定明确，不一定实施；发明，指具体落实的创意，有很明确的细节，可以实施使用。

科学和技术通过发明变成实际的产品，改变了人类的生存环境，推动了社会的发展。

在人类出现的早期，人和动物一样完全处在一个自然世界之中。自然世界是指由自然物构成的世界，没有经过人的干预而天然存在，地球上原本就有或经过自然作用而产生，如动植物、矿物等。早期的人类依靠自然物而生存，同时要时刻躲避洪水、猛兽的侵袭。

从利用石头砸开果实开始，人类逐渐进步并学会使用工具：最初直接利用自然物为工具，后来发明制造工具，如在木棍上绑上尖锐的石头，使其成为打猎的工具；最初只能打猎、采食野果，后来发展到养殖和种植，人类逐渐掌握了畜牧和农耕技术；最初只能在山洞中避风躲雨，后来可以在没有山洞的地区搭建简单的房屋等，由此出现了原始的技术和工程。

人类利用工具和技术改变了自身的生存环境，也极大地改变了自然世界，推动了社会的进步和发展。工具和技术是人类智慧的体现，借助工具，人类提高了自身的能力。

人类历史上曾经有很多神话和幻想，随着科学和技术的进步，人类通过发明将其逐渐变为现实。例如，古代"千里眼"和"顺风耳"的神话故事，在今天基本上用电视和手机实现了：人们通过电视可以看到世界各地的新闻和报道，人们通过手机可以和远在千里之外的亲人、朋友聊天。

当然，神话不会自动变为现实，这之间的巨大鸿沟需要通过科学探究、技术发明来弥补。以电话的发明为例，它需要很多科学原理的支撑和大量艰辛的探索实验。

1831 年，法拉第（Michael Faraday，1791—1867，英国）发现了电磁感应现象。

1844 年，莫尔斯（Samuel Finley Breese Morse，1791—1872，美国）发明了电报机，从华盛顿向巴尔的摩发出人类历史上的第一份电报。

1873 年，麦克斯韦（James Clerk Maxwell，1831—1879，英国）出版了电磁场理论的经典巨著《电磁学通论》，进一步用数学公式阐述了法拉第等人的研究成果，并把电磁感应理论推广到了空间应用。

1875 年，贝尔（Alexander Graham Bell，1847—1922，美国）做实验时不小心把硫酸溅到了自己的腿上，他疼得对另一个房间的同事喊道："沃特森先生，快来呀，我需要你。"这句话通过实验室中的电话传到了另一个房间的沃特森耳里，成为人类通过电话传送的第一句话。

1877年，第一份用电话发出的新闻电讯稿被发送到波士顿《世界报》，标志着电话为公众所采用。1892年纽约和芝加哥之间的电话线路开通，电话发明人贝尔第一个试音："喂，芝加哥。"这一历史性声音被记录下来。

电话的发明揭开了人类远距离交流崭新的一页，极大地改变了人类的通信模式，但是技术还在发展。

1888年，赫兹（Heinrich Rudolf Hertz，1857—1894，德国）在实验中证实了电磁波的存在。电磁波的发现成为"有线电通信"向"无线电通信"的转折点，也成为整个移动通信的发源点。

1946年，贝尔实验室制造出了第一部所谓的移动通信电话。但是由于体积太大，研究人员只能把它放在实验室的架子上，慢慢地人们就淡忘了它。

1973年，库珀（Martin Lawrence Cooper，1928—，美国）发明了手机，这是当时世界上第一部移动电话。从1973年手机注册专利，一直到1985年才诞生出第一台现代意义上的、真正可以移动的电话。它将电源和天线放置在一个盒子中，使用者要像背包那样背着它行走，因此它被叫作"肩背电话"。

与现在形状接近的手机诞生于1987年。与"肩背电话"相比，它轻巧得多而且容易携带。它像一块大砖头，也叫"大哥大"，在当时的香港电影中经常出现。

此后手机的发展越来越迅速。现在已经有了智能手机，但是未来又会怎样呢？目前可穿戴智能装备发展很快，相信在不远的将来，一个小小的眼镜就可以把手机和电视集成在一起，到那时人人都可以拥有"千里眼""顺风耳"！科学、技术和发明，让神话变成现实！

1. 与众不同——发明创造有哪些方法

人们经常把科学与技术混着使用，也经常把技术与发明混着使用。科学的核心是发现（已有的现象和原理），技术的核心是发明（之前不存在的装置或方法），工程的核心是制造。

现代科学、技术与工程相互融合、影响，科学指导技术与工程实施，技术与工程辅助科学发展。

发明要创造一种新的思想、方案、物品，因此需要打破常规，需要创造性的思维。

◆ 发明的方法

发明并无定法，但是可以总结出一些规律，让大家了解借鉴。

1. 加一加

不同的东西加在一起，可能就是新的产品。例如，铅笔加橡皮，就成了带橡皮的铅笔；圆珠笔加裁纸刀，一端可以写字，另一端可以把写好的纸条裁下来；电话加录音机，就是录音电话。

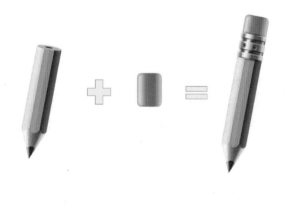

但也不是随意加就好，例如，有人把笔和眼镜放在一起，笔插在眼镜上可以当眼镜腿，写字时就拿下来。结果是近视的人写字时就不能戴眼镜了，反而容易加深近视的度数，因此这种发明就不是很好，仅可作

为娱乐玩具。

2. 减一减

能在某件东西上减去什么吗？把它降低一点，减轻一些行不行？它的功能、用途起了什么变化？在操作过程中，减少时间、减少次数可以吗？这样做又有什么效果？

鼠标刚发明出来时，有一根导线与

电脑相连。看起来像老鼠，所以称为鼠标（mouse）。有一根导线拖着总不方便，于是有人想能否简化一些，去掉导线，经过改进，就发明了无线鼠标，通过无线的方式，传递相关信号。

普通眼镜有镜片、镜框和镜腿，如果去掉非必需的，就发明了隐形眼镜。

有时减一减并不是那么显而易见。1962 年，中国第一枚自行设计的导弹"东风二号"首次发射失败，导弹达不到预定射程。大家都在想如何增加燃料增大射程，但年轻的王永志提出"卸出一些燃料，减轻重量，提高推力，加大射程"的逆向思维设想，遭到了众人的反对。钱学森认真倾听了他的意见并接受了这一观点。事实证明，"东风二号"在卸下 600 kg 燃料之后发射，成功命中了目标。

后来王永志当选中国工程院首批院士，是中国载人航天工程首任总设计师。

3. 扩一扩

考虑把某些东西放大、扩展会怎样？加长一些、增强一些效果如何？

例如，空调原来是装到窗户上的，室内噪声比较大。利用"扩一扩"的思路，变成分

体式，把噪声大的制冷装置放在室外。再扩大一下成了中央空调，可以提高效率。

4. 缩一缩

把某件东西缩小，它的功能、用途会发生什么变化？有时某件东西缩一缩后就成了一件新东西。

例如，几十年前保温瓶是每个家庭必备的生活用品，当然现代家庭中已经很少见了。那时商店中也没有矿泉水，游客外出游玩时想喝点热水都困难。夏天随便带点水也能对付，冬天就很不方便。有人想到把保温瓶缩小，就成了保温杯，便于外出携带。

袖珍收音机、微型电视机、袖珍手电筒、压缩饼干等都是这样"缩"出来的。

5. 变一变

"变一变"就是改变事物的形状、颜色、气味、位置、方向，看看会产生什么结果？改变事情的次序或操作顺序，又会产生什么结果？

例如，我们常见的铅笔，最开始截面一般是圆形，放在桌上容易滚落，特别是有些学校的桌面是倾斜的。于是人们就把铅笔截面从圆形变成六边形，克服了容易滚动这个缺点。

6. 改一改

"改一改"也是创造发明中常见的方法，就是不断发现缺点，不断克服缺点，不断改进，精益求精。把某产品的缺点或不足排列出来，看看哪个缺点是主要的或必须马上解决的，怎样改进才能克服或尽量减少缺点，给人带来方便。

例如，雨伞是我们常用的物品，但是携带不太方便，利用"改一改"的思路，就有了可折叠的雨伞（不是单纯地缩小），折叠起来可以放在包中。

7. 联一联

"联一联"属于联想思维。把两样或几样事物联系起来，会发现什么规律？把几样东西或几件事情联系起来，能帮助我们解决什么问题？

例如，一般刀具使用久了，刀刃需要打磨。一位公司职员想能否发明一种能保持锋利的刀具，有一次他看到有人用玻璃片刮木板上的油漆，当玻璃片刮钝以后就敲断一节，然后又用玻璃片的新断口接着刮。他联想到刀刃：如果刀刃钝了不去磨它，而是把钝的部分折断丢掉，刀具就能保持锋利。按这个思路，他在薄薄的长刀片上留下便于折断的刻痕，就成了现在流行的美工刀。

8. 仿一仿

"仿一仿"是人们进行创造发明的一条有效途径。研究蝙蝠的超声波原理，发明了雷达；研究鱼在水中的游动，发明了减少阻力的泳衣。

例如，自行车轮胎的发明者是邓洛普（John Boyd Dunlop，1840—1921，英国）。有一次他看见儿子骑着硬轮自行车在卵石上颠簸行驶，非常危险。他是兽医，从牛胃气肿胀中得到启示，又在花园里看到了浇水用的橡皮管，脚踩上去很有弹性。于是他把水管弯曲成圆形并密封充气，就发明了充气轮胎，减小了震动。

9. 代一代

有些东西能代替另一样东西吗？如果用别的材料、零件、方法行不行？使用其他动力，换个机构行不行？换个要素、模型、布局、顺序、日程行不行？

例如，早期自来水管道是用铸铁做的，但是铸铁容易锈蚀，每天早晨拧开水龙头时，开始流出的都是有铁锈的黄水。现在自来水管道改用聚氯乙烯（polyvinyl chloride，PVC）管，使得水管使用年限大大增加，且更卫生。

 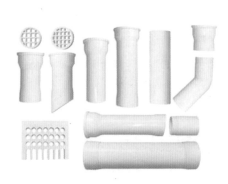

10. 搬一搬

把这件东西搬到别的地方，还能有别的用处吗？这些想法、道理、技术搬到别的地方，也能用得上吗？可否从别处听取到意见、建议？可否借用他人的智慧？

例如，现在很多医院有重症加强护理病房（Intensive Care Unit，ICU），为重症或昏迷患者提供隔离场所和设备，提供针对性的监测、最佳护理等。而ICU最初是用于太空环境中监测宇航员生命体征的，其中的监视屏可以同时直观显示生命体征的几项重要信息，如心率、心电图、血压、呼吸等。

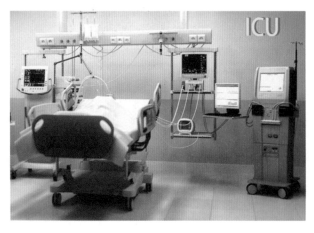 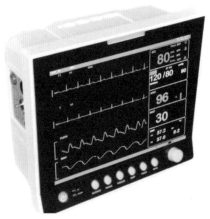

11. 反一反

这是指逆向思维，即指从已有事物或现象的相反方向进行思考，寻找解决问题的新途径、新方法。如果把某产品的顺序正反、里外、上下、左右、前后、横竖颠倒一下，会有什么结果？

例如，过去缝衣服，通常是衣服不动，手拿针线大幅地运动。而缝纫机则反过来，针线固定在缝纫机的机头小范围上下运动，布片大范围移动，提高了效率。

针上下运动
效率高！

12. 定一定

为了解决某个问题或改进某件东西，为了提高学习、工作效率和防止可能发生的事故或疏漏，需要规定些什么吗？在经验和教训的基础上，制定一些规章制度和技术标准，以便有章可循，实行文件化、制度化，这就是"定一定"。

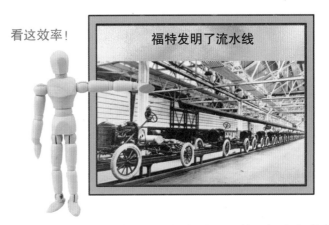

看这效率！

福特发明了流水线

例如，为了提高生产效率，亨利·福特（Henry Ford，1863—1947，美国）首先发明了流水线生产法：以前是工人们拿着不同的部件，围着一辆汽车进行组装，有时人多还会互相干扰；后来改为汽车沿着流水线运动，工人们每人站在固定的位置给汽车装配，每人只负责装一种配件。仅仅是生产方法的改变，就大大提高了生产效率。据报道，1913 年第一条流水线使每辆汽车的组装时间由之前的 12 小时 28 分钟缩短至 90 分钟，生产效率提高了 7 倍。

福特的生产方式使汽车成为一种大众产品，改变了工业生产方式，而且对现代社会和文化产生了巨大的影响。麦克·哈特（Michael Hart，1932—2021，美国）所著的《影响人类历史进程的 100 名人排行榜》一书中，福特是唯一上榜的企业家。

◆ 简单的小发明

参考借鉴前面的发明方法，可以尝试自己做一个小发明方案。

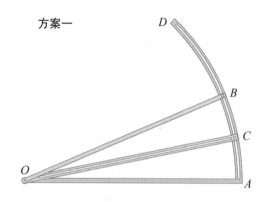

方案一

设想情景：小芳和小虎看到数学老师上课经常要画角平分线，于是想发明一个装置来画角平分线。

方案一，核心要点是：把 OA 和 OB 对准某角度的两条边，AD 圆弧上有刻度，根据角度的读数，调整 C 点到该角度的一半位置，例如 $\angle AOB = 30°$ ，就把 C 放到 $15°$ 的相应位置，然后用粉笔在 OC 的槽中画出角平分线。

这一方案的优点是：可以直接测量出角度（但这里可能并不需要）；缺点是：不能自动平分角度，需要人为干预（这是比较大的缺点）。

根据发明的思路，可以"改一改"，让装置能够自动实现平分角度。

方案二，核心要点是：把 OA 和 OB 对准某角度的两条边，利用数学原理，OC 自动就是角平分线。该装置的原理是：

方案二

（1）角平分线上任一点到两边的距离相等（数学原理）。

（2）装置中 $DE = DF$，且套筒与连杆垂直，自动保证了 OC 是角平分线。

这一方案的优点是：可以自动找到角平分线。缺点是：在角度较大时（接近 $90°$），D 铰靠近 O 点，画角平分线时容易被挡住，不完美。

可以再次改进，让角度大时不产生阻挡。

方案三，核心要点：菱形对角线一定是所在角的角平分线。

这一方案的优点是自动找到角平分线，接近 $90°$ 时也不会产生阻挡，没有很明显的缺点。

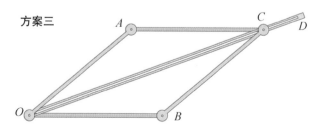

方案三

通过这一案例，说明设计方案可以迭代修改，通过"改一改"，逐步完善，减少明显的缺点。

◆ 复杂些的发明

作者根据这些发明方法，尝试做了一个有趣的装置——"来去自如"小球，它由7个木质的圆环拼成。把小球放在水平支架上，通过吹气，可以使小球向前运动或向后运动，故得名。

如何设计7个完整的圆环且能让它们环环相扣，是一个很具有挑战性的难题。

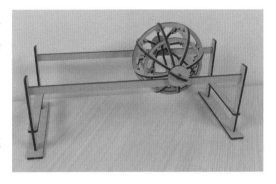

它的拼装类似于鲁班锁，有高度的技巧。如果拼装时次序不同，极有可能使圆环断掉。次序正确的同时，力度也要适当。

拼好后，把小球放在支架上，人在一侧吹气，小球会运动起来。小球的运动与吹气时的位置有关系，吹小球的不同位置，力都是向前的，但是可以让小球转动的方向不同，导致小球前进或后退。可以设置比赛，看哪队在规定时间内小球来回的次数多。

✎ 小结及点评

前面介绍的发明方法当然相对比较简单，但是已经可以处理较多的小发明问题了。

在后面的案例中，将继续探索，可以看到科学家和发明家如何巧妙地解决问题，其中就包含了很多创意和发明。有些创意涉及的知识并不复杂，但是其中处理问题的方法、思考的角度很巧妙。这启发我们，应用知识加上创意就可以解决很多复杂的问题。

本章后文介绍的帕斯卡计算器、蒸汽机都有很多巧妙的设计，这些发明极大地改变了世界。

2. 显微镜和望远镜——如何进行组合式发明

人们观察自然，发现自然规律，从中归纳总结出科学道理。但是由于人的生理条件限制，我们的眼睛只能看清楚一定范围内较大的物体，而借助技术发明制造新的仪器，可以大大扩展我们的视野、丰富我们的认知范围，进而带来全新的科学发现，如显微镜和望远镜的发明。

◆ 光的反射和折射

古代人们就已有了光的反射观念，《周髀算经》中就明确指出："日照月，月光乃生，故成明月。"经过归纳总结，人们发现了光的反射和折射规律。

1. 光的反射

光的反射是指光在传播过程中遇到不同物质时，在分界面上改变传播方向的现象。人们发现：反射光线与入射光线在同一平面内；反射光线和入射光线分布在法线（分界面的垂线）的两侧；反射角 i' 等于入射角 i。

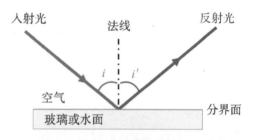

光遇到水面、玻璃以及其他许多物体的表面都会发生反射。人们在平静的水边，会看到反射的天空、云朵和岸边的景色。

2. 神奇的西汉铜镜

中国古代的一些铜镜有神奇的现象，宋代科学家沈括在《梦溪笔谈》中说："世有透光鉴，鉴背有铭文，凡二十字，字极古，莫能读。以鉴承日光，则背文及二十字，皆透在屋壁上，了了分明。人有原其理，以谓铸时薄处先冷，唯背文上差厚，后冷而铜缩多，文虽在背，而鉴面隐然有迹，所以于光中现。予观之，理诚如是。"大意说，西汉的铜镜经过光线照射后，光线经过镜面反射到墙壁上，会显现出铜镜背面的图案、铭文，就好像是光线将背面的图案、文字透过铜镜映在墙壁上，所以称之为透光镜。

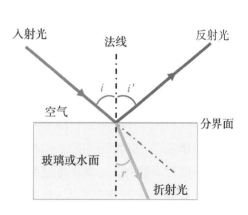

西汉透光镜直径 7.4 cm，重约 50 g，现存于上海博物馆。这面铜镜背面刻着铭文"见日之光，天下大明"，故而这面镜子被命名为"见日之光"透光镜。

经过多年努力，科研人员才终于解开铜镜的秘密。铜镜在铭文和图案处非常厚，在没有铭文的地方就比较薄，薄厚不均匀的情况下就会使铜镜产生内部的铸造应力，磨镜的时候会产生肉眼无法察觉的微小变形。但是光照到镜面上时，厚的地方曲率大，反射光线比较昏暗，投影就暗；薄的地方曲率小，光线集中，投影就比较亮。这样就将铜镜背面的图像"反射"到墙壁上，从表面看就像铜镜能够"透光"。

当然，透光镜不仅在于厚度的特殊性，更在于工匠们打磨镜面的方式方法，所以透光镜的形成需要很强的技巧性，汉代工匠就已掌握这项神奇制造工艺，只可惜到宋代时失传了。国内外不少学者都试图复制出一面具有透光效果的铜镜，却均以失败告终。

3. 光的折射

光的折射是指光从一种介质斜射入另一种介质时，传播方向发生改变，从而使光线在不同介质的交界处发生偏折的现象。

人们注意到这样的特点：折射光线和入射光线分布在分界面两侧；折射光线、入射光线在同一平面内；折射角 r 的正弦与入射角 i 的正弦之比为常数（折射定律）；光从空气垂直射入水中或其他介质时，传播方向不变。

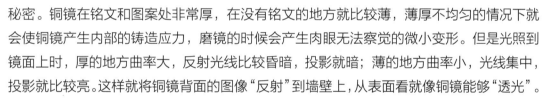

光的折射与光的反射一样，都是发生在两种介质的交界处，只是反射光返回原介质中，而折射光进入另一种介质中。一般来讲，在两种介质的分界处，反射和折射同时发生。光的折射程度与介质密度直接相关。

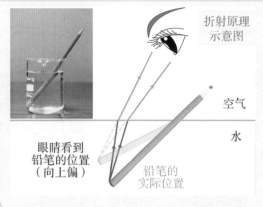

折射原理
示意图

空气

水

眼睛看到
铅笔的位置
（向上偏）

铅笔的
实际位置

由于折射角 r 与入射角 i 不同，导致我们看水中的物体时，眼睛看到的像比实际物体位置偏高（注意实际照片和示意图）。

光从光密介质射向光疏介质时，如果入射角 i 大于某一角度（临界角），折射光完全消失，只剩下反射光线，这一现象称为全反射。光纤通信就是利用了全反射原理，使光在纤芯中全反射，通过光把信息传到远处。

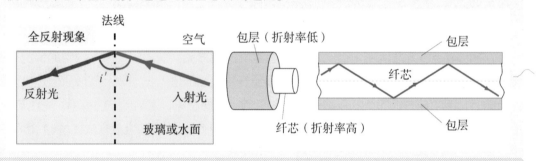

全反射现象　　法线　　空气

反射光　　i'　　i　　入射光

玻璃或水面

包层（折射率低）

纤芯

包层

纤芯（折射率高）

包层

4. 海市蜃楼现象

如果空气和水是均质的，光在空气中或水中沿直线传播；但是由于温差等因素导致空气或水不均匀，光线在其中就不是沿直线传播了。

在沙漠或海边，人们有时可以看到远处的空中出现高楼耸立、街道棋布或山峦重叠等景象。山东蓬莱海面上常出现这种幻景，古人归因于蜃（神话传说的一种海怪）吐气而成楼台城郭，故得名"海市蜃楼"，称为"蜃景"。古代把蜃景看成是仙境，秦始皇、汉武帝曾率人前往蓬莱寻访仙境，还多次派人去蓬莱寻求灵丹妙药。

近年在英国海岸经常会出现空中浮着游轮的景象。

"海市蜃楼"由大气的折射和全反射导致。当大气层比较平静时，如果地面或海面上的空气温度比较低，高层空气温度比较高，这时可以把大气分成多层，下层空气的折射率较大（相当于光密介质），上层空气的折射率较小（相当于光疏介质）。远处的景物发出的光线射向

空中时不断被折射，到达上层大气时入射角越来越大，当光线的入射角增大到临界角时，就会发生全反射现象，然后光线会从高空通过空气的折射逐渐返回下层，在地面的观察者就可以观察到由空中射来的光线形成的虚像，即所谓的"海市蜃楼"。形成"海市蜃楼"的条件是：天气晴朗，无风，大气温度随高度变化比较明显。

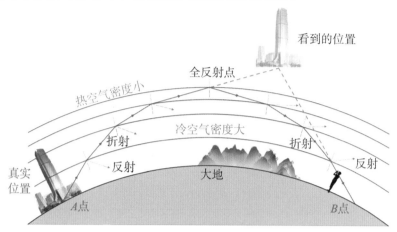

海市蜃楼形成示意图

◆ 透镜的原理

根据光的折射规律，由透明物质（如玻璃、水晶等）制成的一种光学元件称为透镜。透镜的折射面是两个球面，或者是球面与平面组合的透明体。中央部分比边缘厚的透镜叫凸透镜；中央部分比边缘薄的透镜叫凹透镜。

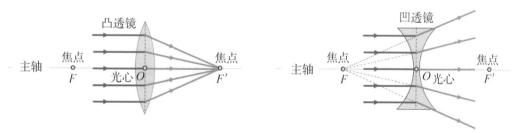

通过透镜两个球面曲率中心的直线称为主光轴或主轴。透镜中有一特殊点称为光心，用字母 O 表示，通过光心的光线传播方向不改变。凸透镜能使与主轴平行的光线会聚于焦点，焦点关于光心对称，用字母 F 表示。由于凸透镜具有会聚光线的作用，也叫会聚透镜。平行光经过凹透镜发散，反向延长线经过焦点，凹透镜具有发散光线的作用，也叫发散透镜。

1. 透镜出现的历史

人们很可能是受到水滴能放大物体、动物眼睛是球体的启发，而发明了透镜。

我国西汉时期《淮南万毕术》中就有关于用冰做透镜的记载："削冰令圆，举以向日，以艾承其影，则火生。"大意是说，冰透镜可以聚光点燃艾绒。

阿尔哈金（Ḥasan Ibn al-Haytham，英文 Alhazen，965—1038，伊拉克）研究过球面镜和抛物面镜，首先用透镜描绘了人眼的构造。

1266 年，培根（Roger Bacon，约 1214—约 1292，英国）首次提出用透镜矫正视力和采用透镜组构成望远镜的可能性，并描绘过透镜焦点的位置。

1299 年，阿玛蒂（Salvino D'Armate，1258—1312，意大利）发明了眼镜，从而解决了视力矫正问题。

1589 年前后，波特（Giambattista Della Porta，1535—1615，意大利）研究了附有凸透镜的暗箱成像，讨论了透镜组合，还将凹透镜和凸透镜组合起来进行了各种实验。

2. 透镜的成像规律

（1）凸透镜成像有 3 个特点：

1）平行于主光轴的入射光线，通过透镜后会聚于焦点 F'。

2）经过焦点 F 的光线，通过透镜后平行于主光轴。

3）经过透镜光心的入射光线，通过透镜后方向不变。

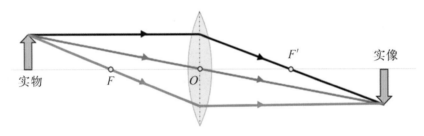

（2）凹透镜成像有 3 个特点：

1）平行于主光轴的入射光线，通过透镜后反向延长线会聚于焦点 F。

2）对准焦点 F' 的光线，通过透镜后平行于主光轴。

3）经过透镜光心的入射光线，通过透镜后方向不变。

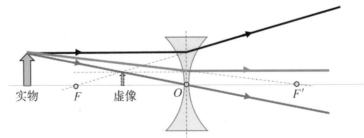

利用这些特点，可以找到物体通过凸透镜和凹透镜成像的大小和位置。

在光学中，由实际光线汇聚成的像称为实像，实像可以用眼睛看到，也可以在屏幕上显示；由实际光线反向延长汇聚成的像称为虚像，虚像能用眼睛看到，但不能在屏幕上显示。

3. 太空中的水球成像

太空中由于失重环境，气泡可以停留在水球之中，成为一种独特的透镜。它使得小狗可以在水球中形成两个像，一正一反（照片是虚构的画面）。

水球的周边相当于凸透镜，水球的中间部位由于气泡存在相当于凹透镜，假设 F_1 是凹透镜的焦点，F_2 是凸透镜的焦点。如下图水球的透镜模型解释了水球边缘成缩小倒立的实像，而水球中间成缩小正立的虚像，与照片中的现象一致。

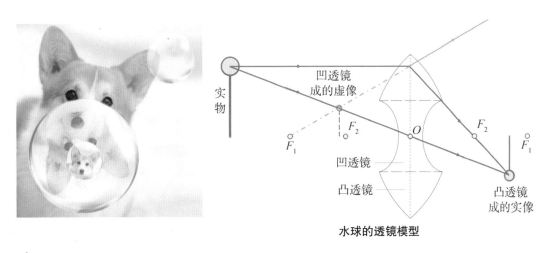

水球的透镜模型

◆ 利用透镜的发明

利用透镜的成像原理，适当组合，就可以发明出有特定功能的工具，如显微镜和望远镜。显微镜和望远镜是人类最伟大的发明中的两项，它们的出现极大地扩展了人类的视野。

1. 显微镜及其原理

1590 年左右，詹森（Hans Jansen，荷兰）父子发明了显微镜，后汉斯·利珀希（Hans Lippershey，1587—1619，荷兰）也发明了显微镜。他们还发现，把一块凸透镜和一块凹透镜组合在一起往外看时，远处的景物就变近了，但没有做过科学方面的观察。

胡克（Robert Hooke，1635—1703，英国）在观察软木塞结构时，发现了植物的细胞壁，不过由于当时显微镜倍数不高，**没有更进一步的发现**。列文虎克（Antonie van Leeuwenhoek，1632—1723，荷兰）学会磨制透镜并把放大倍数进一步提高后（放大率可达 270 倍），第一次发现了许多活的微小生物。在显微镜发明出来之前，人类只能用肉眼观察世界。显微镜的出现，把一个全新的**微观世界**展现在人类的视野中，帮助医生治疗疾病，帮助科学家发现新物种。

光学显微镜主要由目镜、物镜、载物台和反光镜组成。

目镜和物镜都是凸透镜，焦距不同。物镜的凸透镜焦距小于目镜的凸透镜的焦距。物镜相当于投影仪的镜头，物体通过物镜成倒立放大的实像。目镜相当于普通的放大镜，目镜把实像进一步放大，眼睛看到倒立放大的虚像。

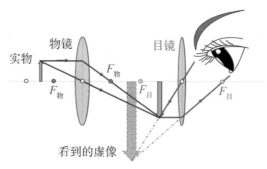

显微镜成像原理示意图

2. 伽利略望远镜及其原理

伽利略听说荷兰有人用透镜放大物体的消息后，很感兴趣，他利用数学知识和光的折射原理，研究如何组合镜片效果比较好。经过反复的实验，他终于在 1609 年发明了能放大 32 倍的望远镜。伽利略用自己发明的望远

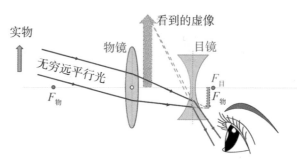

伽利略望远镜成像原理示意图

镜进行天文观测，获得了许多有重大意义的发现（见第一章内容"地球在运动吗"）。

伽利略望远镜的物镜是凸透镜，目镜是凹透镜，两者的焦点重合。组合在一起可看到一个正立放大的虚像。

用望远镜观察星星时，由于距离遥远，星光从无穷远处射来，可以认为是平行光。光线经过物镜后，会聚在焦点附近形成一倒立缩小的实像。该实像作为目镜的物体进一步放大，眼睛从目镜可看到正立放大的虚像。

✐ 小结及点评

人类很早就发现了光的反射和折射现象，也在生产实践中发明了透镜。

西汉透光镜、海市蜃楼、光纤等都有光的反射、折射现象。

单个透镜是光的折射原理的应用，可以放大物体，但是放大倍数有限。两个透镜组合在一起，就产生了质的飞跃，可以成为显微镜发现微小的生物，也可以成为望远镜而看清遥远的星空。

詹森父子和利珀希发明显微镜有些偶然因素，因为他们是眼镜商，整天和镜片打交道，有机会把两片透镜组合在一起。伽利略则是主动利用科学原理进行分析计算，找出了最佳组合，发明了望远镜。

显微镜和望远镜的发明，帮助人类开阔了视野，也极大地促进了科学的发展。

3. 生命的来源——如何得出有说服力的证据

在生命科学领域,物质与能量重要的体现是生命的物质观和能量观。生命的过程就是生命体与外界的物质、能量交换的过程。

◆ 生命自然发生说

生命是物质的,从元素层面看,组成生命体的元素在自然界中处处存在,并没有其他特殊的元素。生命的物质性还体现在物质的运动变化是一切生命活动的基础。

对于生命现象,中国古代有女娲造人的神话,西方有上帝创造人的说法。随着生产力水平的提高,人们逐渐放弃了神话,开始观察周围的世界,提出各种生命起源学说。其中"自然发生学"是古代中西方一种普遍存在的学说。

"自然发生学"是人们根据观察(由于认识水平,主要是观察表面现象),如腐肉生蛆、腐草为萤等,得出了低等生物是由非生命物质自然产生的结论。也称自然发生论、自生论。

当然这一结论是错误的,但是推翻它的决定性证据是什么呢?

1. "腐草为萤"

"腐草为萤"是中国古代的一种说法,认为萤火虫是由腐烂的草变化而成。真实情况是萤火虫在水边的草根产卵,多半潜伏于土中,次年蛹化为成虫。

《礼记·月令》中有"季夏之月……腐草为萤"的记载。

《月令·季夏》中还解释说：腐草此时得暑气之热，故为萤，到秋而天沉阴数雨，萤火夜飞之是也。

晋代崔豹《古今注》中说："萤火，一名耀夜，……腐草为之，食蚊蚋。"

唐诗中有大量涉及萤火虫的诗句，例如：

杜甫《见萤火》："巫山秋夜萤火飞，帘疏巧入坐人衣。"

杜牧《秋夕》："银烛秋光冷画屏，轻罗小扇扑流萤。"

很多诗句明显受"腐草为萤"的影响。例如：

沈旋《咏萤火》："火中变腐草，明灭靡恒调。"

骆宾王《萤火赋》："化腐木而含彩，集枯草而藏烟。"

韦应物《玩萤火》："时节变衰草，物色近新秋。"

刘禹锡《秋萤引》："汉陵秦苑遥苍苍，陈根腐叶秋萤光。"

2. 观点的反复

1668 年，雷迪（Francesco Redi，1626—1697，意大利）认为苍蝇不是由无生物自然发生的。他设计了一个实验来验证自己的想法：准备三个瓶子，第一个瓶子里只放肉，第二个瓶子放进肉后再覆盖一张纸，第三个瓶子放进肉后再覆盖上一块纱布。

经过观察发现：第一个瓶子里的肉在苍蝇产卵后长出蛆，再变成苍蝇；第二个及第三个瓶子里的肉皆没有蛆也没有产生苍蝇。但是苍蝇会被吸引到纱布上面产卵，进而产生蛆。由此雷迪认为蛆是由苍蝇产生的，而不是无生物自然发生的，从而驳倒了古代自然发生论。

雷迪的实验以及其他一些科学家的反复验证，曾一度动摇了人们对自然发生论的信念。1680 年前后，列文虎克第一次用自制的显微镜观察到了微生物。人们发现微生物是活的，很多人又开始相信至少像微生物这样微小的生物应该是自生的，他们说：加罩容器中的肉不是长满了细菌吗？于是微生物可能自然发生的信念又盛行起来。

尼达姆（Jone Needham，1713—1781，英国）是自然发生说最重要的捍卫者。他把煮沸的肉汤灌入烧瓶，随即用软木塞盖住并密封。他认为肉汤煮沸时一定把其中的微生物都杀灭了，由于密封也没有别的微生物进入肉汤。但是当打开烧瓶过了几天之后，烧瓶中又充满了微生物。他用不同的浸液重复这些实验，始终得到类似的结果。1748 年，他得出结论：这些微生物必定是自然地在浸液中发生的。

斯帕兰扎尼（L. Spallanni, 1729—1799，意大利）怀疑尼达姆的实验方法不严格。他认为很可能加热时间短未能杀灭全部微生物，也可能软木塞存在微小的孔洞不能阻止外来微生物进入。为此他进行了大量实验，采用密封的烧瓶增加煮沸时间。他发现在密封烧瓶中的浸液，如果煮沸足够长时间，就不会产生新的微生物。

尼达姆等人提出反对，他们认为，延长加热可能不仅杀灭瓶内的微生物，而且也杀死了瓶内空气中的"活力"，因而影响了自然发生。

18 世纪末，拿破仑（Napoléon Bonaparte, 1769—1821，法国）率领法国军队四处远征，发现许多食品在长途的运输中腐败变质。拿破仑于是在 1795 年悬赏 12 000 法郎征集食品保鲜法。

1804 年初夏，糖果商人阿佩尔（Nicolas Appert, 1749—1841，法国）意外发现将煮沸的果汁放入玻璃瓶中密封，一个月后果汁竟然没有变质。他采用厚壁广口玻璃瓶容纳各类食物，启发了后来通过加热密封进行保鲜食物（罐头）。

至于为什么加热密封可以防止食物变质，当时人们并不清楚其中的道理。

3. 巴斯德的实验证明

巴斯德（Louis Pasteur, 1822—1895，法国）根据自己的研究实践，不相信微生物可以自然发生，认为微生物必有母体。他的观点受到很多人的质疑：细菌无处不在，它们的母体会在哪里？

为了回答这些挑战，巴斯德重做了斯帕兰扎尼的实验。他在圆瓶里灌进一些肉汤，把瓶颈焊封，煮沸几分钟后搁置适当时间。结果表明，瓶里并没有微生物生长。

但是这一实验并不能彻底驳倒自生论者，他们反驳说：酵母汤产生微生物所需要的是自然的空气。面对质疑，巴斯德决心设计一种只让天然空气进入，而微生物不能进入的仪器。最终巴斯德设计、制作出了符合这一要求的仪器，即著名的曲颈瓶，实验过程如图。

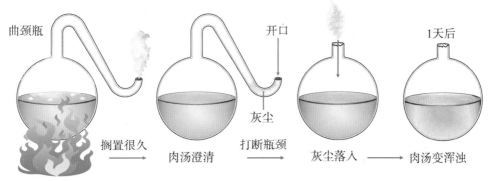

曲颈瓶实验示意图

这一实验的要点是：空气可以自然进入瓶内，而灰尘及附着的微生物只能在弯曲的瓶口附近堆积，从而证明微生物附着在空气中的灰尘上，四处飘扬，回答了以前的种种疑问。

4. 结论还会反转吗？

20 世纪 20 年代，奥巴林（Alexander Oparin，1894—1980，俄国）和霍尔丹（John Haldane，1892—1964，英国）提出了生命起源的"原始汤"假说：原始地球上的条件也许有利于发生某种化学反应，从而把简单的无机物合成为复杂的有机分子。他们认为氨基酸是最初形成的有机分子，也是构成生命的基本要素，当氨基酸结合在一起时，就能形成更复杂的有机聚合物。

1952 年，米勒（Stanley Miller，1930—2007，美国）和导师尤里（Harold Urey，1893—1981，美国）进行了一项著名的生命起源实验，结果证明：只要有水、氨、氢和甲烷（原始大气的成分），以及模拟闪电的电火花，就可以得到地球上生命所必需的几种蛋白质前体（前体一般是指在反应或代谢中位于另一化合物之前的一种化合物）。

在米勒和尤里的实验中，米勒设计了一个特殊的装置，他将甲烷（CH_4）、氨（NH_3）和氢（H_2）密封在一个无菌的玻璃大烧瓶里，随后对水进行加热，产生的水蒸气进入装有化学物质的大烧瓶中，这里模拟原始大气环境同时电极不断放电（模拟天空中的闪电），然后气体被冷却，水蒸气凝结成液体，再被收集起来。

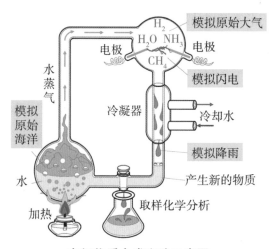

有机物质合成实验示意图

这些溶液在一天之后变成了粉色，一周后变为深红色。米勒在溶液中加入氢氧化钡和硫酸，在除去所有杂质后，用纸色谱分析法检测了剩下的化学物质，结果显示，实验中产生了丰富的有机物质。

米勒和尤里的实验当然也存在一些争议，有人怀疑实验中混进了有机物杂质。实际上实验产生的氨基酸分子既有左旋也有右旋，而目前自然界中的有机分子都是右旋，由此证明实验的确合成了有机物。也有人怀疑米勒实验中气体成分也许和当初地球真实的环境不同，但这种以实验手段验证理论猜想的方式，正是科学研究最典型的特征。

无论如何，米勒和尤里的实验是一个开创性的实验，证明生命出现所必需的复杂有机分子可以使用更简单的无机前体形成（更高形式的自然发生说），虽然还不能最终解释生命的起源，但影响了人类对生命起源的认知。

5. 宇宙中的星际物质

长期以来，天文学家认为茫茫宇宙空间除了恒星、行星、星云之类的天体，不会有什么别的物质，星际空间应该是一片真空。但是现代宇宙观测发现了星际分子（存在于星际空间的无机分子和有机分子）。

1930 年，天文学家特朗普勒（Robert Julius Trumpler，1886—1956，美国）通过对银河星团的研究，证实了星际之间存在星际物质。1957 年，物理学家汤斯（Charles Hard Townes，1915—2015，美国）指出宇宙空间可能存在的 17 种星际分子，并提出探测它们的方法。20 世纪 60 年代由于射电天文学的发展，科学家发现在星际空间充满了各种微小的星际尘埃、稀薄的星际气体、各种宇宙射线以及粒子流，另外在星际空间发现了大量有机分子云，云中含有各种复杂的有机分子。

大多数星际分子可由它们发射出的无线电特征射线探测出，有的可以通过可见光、红外线、紫外线波段光谱特征观察到。迄今已发现 50 余种星际分子，其中大多数是由碳、氢、氧、氮组成的有机分子，还有一些是在地球实验室中很难稳定存在的分子。关于星际分子的形成过程及其化学演化还不十分清楚，星际有机分子的研究是三大基础理论（天体演化、生命起源和物质结构）研究的一个重要交叉点。研究星际分子的形成过程及它们与地球上生命起源的关系，是天文学的一个新分支。

◆ 生命中的能量

生命过程需要能量驱动，生命系统的各个层次都有能量的流动和转换，生命系统中能量遵循能量守恒定律。

能量的流动和转换存在于生命系统的各个层次。太阳能几乎是所有生命系统中能量的最终来源（可能的例外是深海热泉中的细菌，在氧化硫的过程中获取化学能），但太阳能并不能直接被生命系统利用，需要通过光合作用或者化能合成作用等转化为稳定的化学能，才可以被生命系统利用，生命系统中的能量流动始终遵循能量守恒定律。

以光合作用为例，从宏观角度说，光合作用是指绿色植物通过叶绿体，利用光能，把二氧化碳和水转化成储存着能量的有机物，并且释放出氧气的过程。从微观角度说，光合作用分为光反应和暗反应。

光反应在叶绿体内的类囊体中进行，在阳光、色素、酶等物质的共同作用下，叶绿体吸收光能，将水分解成氢和氧，并释放出氧气；同时将光能转化为化学能，帮助二磷酸腺苷（ADP）合成三磷酸腺苷（ATP），光能转化成化学能储存在 ATP 中；氢和 ATP 供后续的暗反应使用。

暗反应在叶绿体内的基质中进行，在多种酶的催化下，把外界吸进的二氧化碳经过一

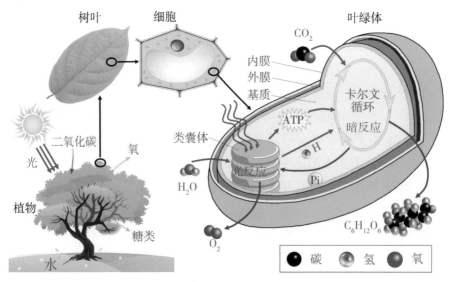

树叶　　细胞　　　　　　　叶绿体

CO_2

内膜
外膜
基质

卡尔文
循环
暗反应

ATP

类囊体

二氧化碳

光

氧

H

光反应

Pi

植物

糖类

H_2O

$C_6H_{12}O_6$

O_2

水

● 碳　　● 氢　　● 氧

光合作用示意图

系列的变化生成葡萄糖，这一过程称为二氧化碳的固定。暗反应包含卡尔文循环，是卡尔文（Melvin Calvin，1911—1997，美国）发现的。20 世纪中期，卡尔文利用刚发现的碳 –14 为追踪物（以此区别自然界中的碳 –12），发现了光合作用中碳的固定途径，首次揭示了自然界最基本的生命过程，对生命起源的研究具有重要意义。卡尔文因此获得了 1961 年诺贝尔化学奖。

光合作用涉及了多个跨学科概念

物质与能量：叶绿体在光合作用中有物质的交换（吸收水和二氧化碳，排出氧气），有新物质的产生（葡萄糖 $C_6H_{12}O_6$）；从能量变化角度看，光合作用把光能转变为 ATP 中的活跃的化学能，再将活跃的化学能转化为稳定的化学能（葡萄糖）。

系统与模型：光合作用的主体是叶绿体，它是一个系统，可以用叶绿体模型来表示，而用化学反应模型来代表光合作用的过程。其化学反应为

$$6CO_2 + 6H_2O \xrightarrow[\text{叶绿体}]{\text{光}} C_6H_{12}O_6 + 6O_2 \uparrow$$

注意：这一反应（二氧化碳和水经过光合作用，生成葡萄糖和氧气）是光合作用的宏观效果，实际反应过程包括多个步骤，还有很多中间产物。

结构与功能：叶绿体的结构包括类囊体和基质，是光合作用的场所，有特定的结构形式，也因此导致特定的光反应及化学反应。

稳定与变化：光合作用需要一定的条件，符合条件时就可以稳定地工作。从能量角度，光合作用把活跃的光能转化为稳定的化学能，成为食物链的基础；从物质的角度说，植物吸收二氧化碳产生氧气，而动物吸进氧气呼出二氧化碳，从而为生物圈的稳态循环奠定了基础。

小结及点评

对于生命的起源，人们的认知在不断深化。从早期的神话传说，到后来基于观察、实验并尝试得出结论。

自然发生说是一种错误的学说，但是也有大量的现象和实验支持。关键在于，人们观察到的现象可能是一种表面的现象，因此如何获得更有说服力的证据就显得尤其重要。这其中就显示了创意、发明创造的重要性。

巴斯德的曲颈瓶实验及卡尔文利用碳 –14 追踪碳的固定途径实验，都是改变人们认知的著名实验，同时又显示出精巧和创意。

另外，米勒和尤里的有机物合成实验以及宇宙中存在大量有机分子的事实，又引起人们对生命现象新的遐想，也表明科学在不断进步，不断接近真理。

现代科学界普遍认为，无机物在一定条件下会产生简单有机物，如宇宙中的星际分子；简单有机物在一定条件下会产生复杂的有机分子，如氨基酸；氨基酸的适当组合就成为生命的基本物质 DNA；DNA 产生后就会自然复制和变异，经过自然选择出现众多生命形式。人们对生命起源的整个链条正在逐步了解，其中缺少的环节一定会在未来被发现。

4. 地球的周长——如何利用差异寻找答案

利用日常生活中的现象及启发,科学家可以找到更复杂问题的答案。

在日常生活中，物体在阳光下会有影子，而影子长短也会变化（见第二章内容"从投影说起"），这一事实如此简单又显而易见，把这一事实与某些现象进行关联，就可以测算出地球的大小。

我们看物体时能感知其远近，是由于两眼看到的景象存在细微差异而导致距离感（所以闭一只眼穿针引线就很困难）。我们感觉不到遥远的星星距离多远，是由于我们两眼看不出其中的差异，如能扩大眼睛的距离看出差异，就能算出遥远物体的距离。当然人类眼睛的距离就那么远，但是理解其中的原理就能想到解决的办法。

◆ 测量地球的大小

想测量地球的大小，需要几个基本知识：知道大地是球体；知道阳光照射大地基本上是平行光；了解简单的几何知识。这些知识都是人类经历了长期的探索才获得的。

1. 地球是个球体

地球是个球体，并不是显而易见的事实。虽然现在小学生就被告知这一点，但是历史上人们花费了上千年才真正认识到这一事实。

毕达哥拉斯认为大地是一个球体。他认为宇宙一定是和谐简单的，宇宙中所有天体的形状和它们的运动轨道都应该是完美的，而一切立体图形中球最完美。毕达哥拉斯因此推测大地是球体，虽然没有更多的证据。

公元前3世纪，以亚里士多德为代表的学者们逐渐认可了大地是球体的观点，同时有了更多证据。

（1）月食时可以看到大地的影子是圆弧。

当时人们已经知道月食是大地的影子挡住了阳光，可以看出月食时阴影的形状是圆弧状。考虑到太阳、月亮都是圆形，大地的影子也是圆形，认为大地是圆球很有道理。相反，如果大地是平面，影子在某个角度有可能是一根直线，而这种情况从没有发生过。

地球影子

月食开始前　　　　　　月食过程中

（2）在南北不同的地理位置看到的星空不同。

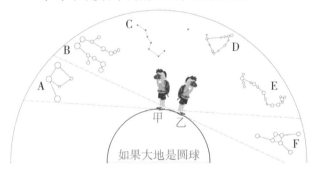

如果大地是圆球

当时人们经常旅游，他们发现：有些星星在希腊或更北边的地区（甲地）能被看见，但在埃及（乙地）却看不见。

例如，游客在甲地能看到星座 ABCDE，看不到星座 F；在乙地能看到星座 BCDEF，看不到星座 A。所以地球一定是圆球，这样在甲乙两地看到的星空范围才会不同。相反，如果大地是平面，则在甲乙两地看到的星空应该是一样的，实际上不是这样。

（3）海上的帆船。

当时人们发现：帆船出海时，开始看见整个帆船，当帆船远去后看见风帆却看不见船身，最后整个帆船都消失了。而且不管帆船向什么方向航行，首先消失的都是船身，由此可以推断大地是球形。相反，如果大地是平坦的，当一艘帆船离开海岸线越行越远时，它会越来越小，但不会有某部分先消失不见。

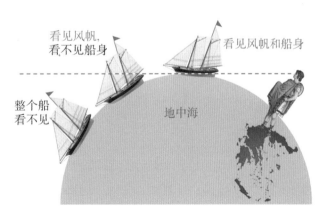

看见风帆，看不见船身　　　看见风帆和船身

整个船看不见

地中海

以上众多事实说明大地是球形的，不过这些都是推测及间接证据。

将近 2 000 年后，麦哲伦船队的环球航行直接证明了大地是球形的。1519 年 9 月麦哲伦船队出发往西航行，历经千辛万苦，于 1521 年 3 月至菲律宾。船队中的"维多利亚"号于 1522 年 9 月从东面返回了西班牙，从而用事实证明了大地是球形的。

早在麦哲伦之前，明代郑和已经前后 7 次下西洋，最远到达的地方是红海沿岸与非洲东海岸。郑和的海上远航活动始于永乐三年（1405 年），结束于宣德八年（1433 年）。

郑和的航海活动当然有很多意义，但是航海的范围相对较小（主要是东南亚及阿拉伯一带），没有环绕地球，也没有意识到大地是球体。

在中文语境下，"地球""月球"自然暗含了它们是球体，但是英文 Earth、Moon 就看不出和球（sphere）有什么关系。

> "地球"和"月球"在中国古代文献中并没有记载，它们的出现公认与传教士利玛窦（Matteo Ricci，1552—1610，意大利）有关。利玛窦明代时来中国传教，将西方文明的很多成果都带到了中国，他在《坤舆万国全图》的注释文章当中第一次使用了"地球"这个词；另外利玛窦还将宇宙翻译为"天球"，太阳翻译成"日球"，月亮翻译成"月球"等。当然他在翻译时经常用粗浅的中文口述，再由助手（包括徐光启）誊写润色，因此这些词也许是他们一起商量的结果，但大地是球体这一核心思想是由利玛窦传递给助手的。

知道地球是球体，就可以用经度、纬度来划分位置。

2. 阳光照射地球的关系

物体在光的照射下会产生影子，影子的长短与光源的位置和角度有关。

由于太阳与地球距离太远，从太阳射向地球的光线在很小的角度内（经过计算不超过 0.05°），换句话说，太阳发出的光角度稍偏一点就照射不到地球。因此可以假设：**从太阳照到地球的光线是平行光，沿着太阳与地球中心的连线方向。**

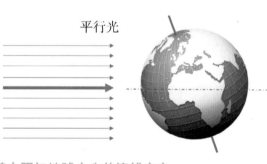

平行光

3. 测算地球的大小

埃拉托色尼（Eratosthenes，前 273—前 192，古希腊）认为地球是回转椭圆体，并且根据塞伊尼（Syene）和亚历山大港（Alexandria）的地理信息，算出了地球大小。塞伊尼是现在的阿斯旺（Aswan），靠近尼罗河边，亚历山大港是靠近地中海边的城市。

埃拉托色尼当时在亚历山大图书馆工作，他在馆中收藏的文献和古卷中发现了一段记录：埃及南部塞伊尼有一口深井，螺旋形的阶梯一直延伸入水中。在夏至当天的中午，太阳光会恰好照亮井水，而井壁没有一点阴影。这一现象闻名已久，吸引着许多旅行家前来观赏奇景。

恰巧亚历山大港与塞伊尼大致位于同一子午线（同一经线）上。于是，埃拉托色尼在第二年夏至日的中午，在亚历山大选择了一个很高的方尖塔作参照，测量了塔的阴影长度，他算出直立的方尖塔和阳光之间的角度为 7.2°，即圆周角 360° 的 1/50。

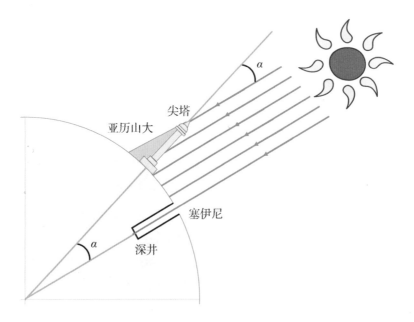

埃拉托色尼测算地球的周长应该是从塞伊尼到亚历山大港距离的 50 倍。通过询问经常在两地往返的商人，也可能查询当时埃及测量员的资料，埃拉托色尼知道这两个城市的距离是 5 000 希腊里。因此地球周长为 25 万希腊里，为了符合传统的圆周为 60 等分制，埃拉托色尼将这一数值调整为 252 000 希腊里。当时 1 希腊里约为 157.5 m，换算后地球的圆周长约为 39 375 km，修订后为 39 690 km，与地球实际周长很接近（现代测量地球赤道周长大约为 40 009.88 km）。

由此可见，埃拉托色尼巧妙地将天文学与测地学结合起来，精确地测量出了地球周长。这一测量结果出现在 2 000 多年前，的确了不起。

◆ 地球与太阳的距离

古希腊很早就有人估计了太阳与地球的距离，但没有太多科学依据，误差也较大。

要比较准确地算出太阳到地球的距离，需要知道一些几何关系，以及天文学的一些知识，如开普勒定律。

1. 透视中的几何关系

透视是绘画理论术语。"透视"（perspective）一词源于拉丁文"perspclre"（看透），指在平面或曲面上描绘物体的空间关系的方法或技术。

最初研究透视，是通过一块透明的平面去看景物。画者固定住眼睛的位置（用一只眼

睛看），连接物体的关键点与眼睛形成视线，在玻璃上呈现的各点位置就是三维物体在二维平面上的位置。这是西方古典绘画透视学的应用方法。

15 世纪，画家阿尔贝蒂（Leon Battista Alberti，1404—1472，意大利）叙述了绘画的数学基础，论述了透视的重要性，同期画家弗兰切斯卡（Piero della Francesca，1416—1492，意大利）对透视学也做出了贡献；画家丢勒（Albrecht Dürer，1471—1528，德国）把几何学运用到艺术中；达·芬奇（Leonardo da Vinci，1452—1519，意大利）还通过实例研究，创造了科学的空气透视和隐形透视。1793 年，蒙日（Gaspard Monge，1746—1818，法国）著的《画法几何学》出版，他把以前零散的投影方法进行了整理，系统提出直角投影画法，完成了正确描绘任何物体及其空间位置的作图方法。

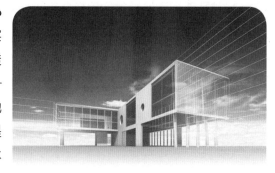

以上这些成果总称透视学，在素描绘画、建筑效果图、机械设计和装修中，常常大量采用透视图。

透视分为平行透视和成角透视，涉及以下概念

- 视平线：与画者眼睛平行的水平线。
- 心点：画者眼睛正对着视平线上的一点。
- 视点：画者眼睛的位置。
- 视中线：视点与心点相连，与视平线呈直角的线。
- 消失点：与画面不平行的直线，在透视中向远处集中直至消失。

如果立方体有一个面与画面平行，立方体和画面所构成的透视关系就叫"平行透视"。此时它只有一个消失点。

如果立方体任何一面都不与画面平行，这种透视称为"成角透视"。成角透视中，景物纵深与视中线呈一定角度，凡是与画面既不平行又不垂直的直线，都消失于视平线上的一点，称为余点（也叫消失点），它分布在心点两侧的视平线上，分为左余点和右余点，余点由视距决定。

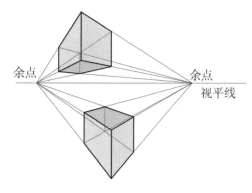

2. 天文学知识

天文学家开普勒发现了行星运动的三定律（见第一章内容"重新发现开普勒定律"）。

开普勒发现行星运行周期的二次方与太阳至行星之间距离的三次方成比例，如果采用年和天文单位（AU），结果见表 3-1。

表 3-1　行星运行的周期和距离

行星	周期 / 年	与太阳的距离 /AU
水星	0.234 25	0.38
金星	0.615	0.72
地球	1	1.0
火星	1.881 4	1.52

但当时不知道 1 个天文单位实际的距离是多少。

3. 测算太阳与地球的距离

大约半个世纪后，天文学家卡西尼（Giovanni Domenico Cassini，1625—1712，法国）利用视差的概念解决了这个问题。

卡西尼希望测量地球和太阳之间的距离，但直接测量有困难也很危险（太阳光可能会导致测量者丧失视力）。于是卡西尼想借助开普勒方程，只要能测出地球到任何一个行星的距离，就能利用方程计算出地球与太阳之间的距离。由于火星距离地球比较近，而且卡西尼对火星也比较熟悉，所以他决定用改良的望远镜测量地球到火星的距离。

限于当时望远镜的技术水平，仍然无法直接进行测量。如果能在同一时间测出地球上不同位置观察到火星的角度，他就可以利用三角几何关系计算出到火星的距离。

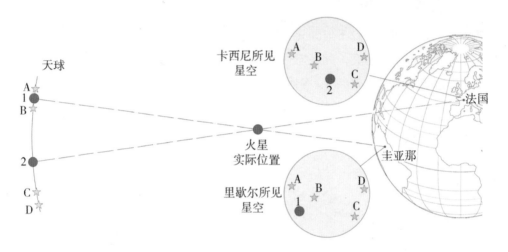

于是，他派天文学家里歇尔（Jean Richer，1630—1696，法国）协助观测火星，里歇尔在法属圭亚那进行观测，卡西尼在巴黎进行观测。他们约好在火星离地球最近的时候同时进行观测。1672 年 8 月的同一天晚上，他们两人在两地看到的火星相对天空的位置有细微的差别（恒星由于距离太遥远，在两地仍然看不出差别，但是火星有差别）。卡西尼知道两地之间的距离和观测过程中的角度，利用几何关系确定了地球和火星之间的距离约为 8 700 万 km，现代科学证明卡西尼的计算结果与实际数据的误差为 7%。

利用开普勒的结论，地球和火星的最近距离是 0.52 AU，因此得出太阳和地球之间的距离大约是 1.5 亿 km（十分接近目前的测量值）。

上述获知太阳与地球距离的方法，实际上包含了一种变化的思想：从不同位置观察同一物体，相对背景产生微小的变化，从这一变化中，就可以找出某种关系，解决问题。

小结及点评

埃拉托色尼测量地球周长的工作记录在《地球大小的修正》一书中，后来失传，但我们仍然可以通过其他古代学者的评注得知，特别是斯特拉波（Strabo，约前 64—23，古罗马）在《地理学》中的介绍。

在埃拉托色尼之前，也曾有不少人试图进行测量估算。但是他们大多缺乏理论基础，计算结果很不精确。埃拉托色尼创造性地将天文学与测地学结合起来，第一个提出在夏至日那天比较两地物体阴影角度的差异，计算出地球圆周长。相对于单纯依靠天文学观测来推算的方法，这种方法要完善和精确得多，因为单纯天文学方法受仪器精度和大气折射率的影响，往往会产生较大的误差。

埃拉托色尼的测量比较准确得益于 3 个特殊条件：夏至日阳光直射北回归线；塞伊尼正好在北回归线附近，夏至日阳光直射深井，因此不需要再进行测量；两城市基本在同一子午线上，否则也会容易产生误差。

卡西尼在测量地球与太阳的距离时，在不同的地方进行测量，相当于把人眼的距离扩大到约 8 000 km，利用明显的视觉差异，巧妙地解决了问题。

回顾历史，测量地球大小所需的知识并不难，中学生都能掌握；而测量太阳到地球的距离稍微复杂些，但也只需要几何知识。重点是如何整合所学的知识，创意地解决问题。上述测量地球大小和太阳到地球的距离的方法，把很多孤立的科学事实和结论有机贯穿起来，通过学习我们可以了解处理问题的方法和技巧，其中有很多东西值得我们借鉴。

5. 帕斯卡计算器—— 如何让加法器做减法

人工智能（artificial intelligence，AI）已经极大地改变了我们的生活，并将对未来世界产生重大的影响。如果归根溯源，AI 发展中有几个重大的里程碑事件：

1956 年，"人工智能"首次在美国的达特茅斯学会中被提出，人工智能正式开始发展。

1950 年，图灵（Alan Mathison Turing，1912—1954，英国）在论文中提出一个问题：机器能思考吗？

1946 年，世界上第一台电子计算机建造成功，它能按编好的程序自动进行运算。

1674 年，莱布尼茨（Gottfried Wilhelm Leibniz，1646—1716，德国）造出可以进行四则运算的机械计算机。

1642 年，布莱瑟·帕斯卡（Blaise Pascal，1623—1662，法国）发明了自动进位加减法机械计算器 Pascaline。

下面着重介绍帕斯卡发明的计算器 Pascaline，并进行复原。

◆ 帕斯卡及 Pascaline

帕斯卡是法国著名的数学家、物理学家、哲学家和散文家。他 12 岁就独自发现了"三角形的内角和等于 180°"。帕斯卡发现了大气压强随着高度变化的规律，后人用他的名字来命名压强的单位，简称"帕"（符号为 Pa）。

年轻时的帕斯卡为了减轻父亲无止境、重复的税务计算，发明了能做六位数加减法的机械计算器。

◆ 帕斯卡计算器中的物理问题

计算器最主要的特点是能自动进位。那怎么实现呢？

1. 长齿进位机构

帕斯卡起初的设计是单齿进位机构（长齿进位）：以两位数的计算器为例，低位齿轮和高位齿轮都是 10 个齿（每一个齿分别表示数字 0~9）；高位齿轮是正常的齿轮，而低位齿轮的 9 个齿正常，有一个齿比另外的齿稍长一些，正好与旁边高位齿轮啮合。当低位齿轮转动 10 个齿（360°）时，高位齿轮转动一个齿（36°），因此可以用于表示"逢十进位"。规定低位齿轮顺时针转动表示加法，逆时针转动表示减法。

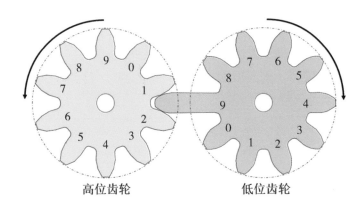

高位齿轮　　　　　　低位齿轮

有人会奇怪，两个齿轮转动方向相反，怎么表示进位呢？其实低位示数轮上数字 0~9 逆时针方向排列，高位示数轮上数字 0~9 顺时针方向排列。这样低位齿轮顺时针方向转动时数字逐渐增加，转动到 9 时拨动高位齿轮逆时针方向转动，数字也是增加的。

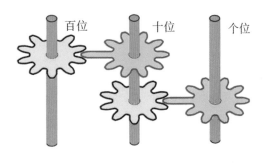

这种进位齿轮的优点是简单，容易理解。但缺点是：当多位数同时需要进位时，需要很大的力或力矩拨动低位齿轮。要知道那个时代加工技术比较粗糙，每个转轴都有摩擦，同时材料强度也不如现代。因此，该方案理论上很好但实用性欠佳。为此，帕斯卡需要一种独特的解决方案。

2. 重力进位机构

帕斯卡尝试了各种改进方法以绕开连续进位的问题。他最后想到了借助重力，设计了一种叫sautoir 的装置（包括 A、B、E）。其中 A 是主体，O_1 连接在高位齿轮的轴上；低位齿轮旋转时其上的凸起物带动 A 绕 O_1 转动提升；B 是可以推动高位齿轮转动的推杆；A 和 B 通过 O_2 连接；弹簧 E 保证 B 贴紧高位齿轮；当低位齿轮转到 0 时，如图（f）所示，sautoir 便依靠重力绕 O_1 自动落下，而 B 处的爪子推动高位齿轮转动 36°（进一位）。

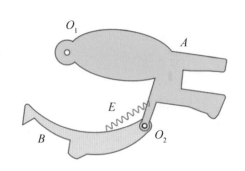

sautoir 装置的具体工作过程可以分解为 6 步。下面是利用 AutoCAD 软件画的示意图，其中 p 和 q 是低位齿轮上的凸起物，C 是限制 sautoir 的限位器，D 是防止齿轮倒转的限位器。所有这些部件的尺寸和位置都有严格要求。其运行过程是这样的：

步骤 1：以初始数字 30 为例（高位的顶部显示 3，低位的顶部显示 0），如图（a）所示。

步骤 2：当低位齿轮连续顺时针方向转动时，在凸起 p 碰到 A 的凹槽之前，sautoir、D 及高位齿轮均保持不动，如图（b）所示；这时数字显示为 34。

步骤 3：当凸起 p 碰到 A 的凹槽后，带动 sautoir 运动，D 及高位齿轮保持不动，如图（c）所示；这时数字显示为 36。

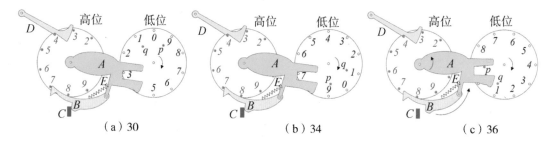

（a）30　　　　　　　　　（b）34　　　　　　　　　（c）36

步骤 4：当凸起 p 脱离 A 后，凸起 q 会接着抬起 A，继续带动 sautoir 运动，D 及高位齿轮保持不动，如图（d）所示；这时数字显示为 38。

步骤 5：当凸起 q 即将脱离 A 时，推杆 B 的末端由于弹力会顶住高位齿轮上的突杆，D 及高位齿轮保持不动，如图（e）所示；这时数字短时间显示 30，即将进位。

步骤 6：当凸起 q 脱离 A 后，sautoir 会由于重力绕高位齿轮的圆心顺时针方向转动（落下），带动推杆 B 推动高位齿轮转一格，D 抬起，限位板 C 限制了 B 的运动范围，这时数字变为 40，如图（f）所示。

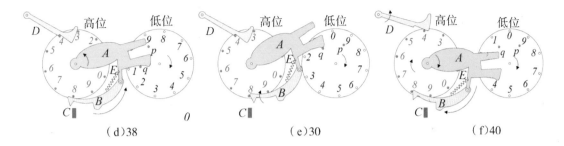

（d）38   （e）30   （f）40

以上装置的工作过程示意图，显示了数字从 30 逐步增加变为 40 且进位的过程。

sautoir 装置的优点：低位齿轮转动时只负责抬起相邻的装置，而进位时靠装置的重量推动高位齿轮转动。多位数同时进位时，每一位都靠重力推动，对位数没有限制。

许多机械师都对这种前无古人的绝妙设计赞不绝口。帕斯卡本人对自己的发明更是相当满意，他夸张道：有了 sautoir，机器做到一万位数，用起来也和两位数没有差别。

但是 sautoir 各部件尺寸要精确计算，簧片的变形力度与 sautoir 的重量、摩擦也要匹配。另外 sautoir 靠重力落下，因此计算器只能水平放置，进位装置处于竖直状态时重力才能起作用。

◆ 帕斯卡计算器中的数学问题

帕斯卡采用 sautoir 装置，解决了进位问题，但是又出现了新问题：受限位器 D 影响，sautoir 装置使齿轮不能反转，做加法可以，那怎么实现减法呢？

帕斯卡想：既然只能做加法，那有没有一种方法可以将减法转换成加法呢？他想出了一种用加法代替减法的方案：补码。这一方案在现代计算机中仍然沿用，计算机语言中的 Pascal 语言就是为了纪念他的贡献。

1. 补码的思想

十进制下的补码是补九码（9's complement）：原数和补码之和为 9。如 1 与 8、4 与 5 互为补码。在二进制中补码更简单，0 和 1 互为补码。在 N 位数中，a 的补九码就是 N 个 9 减去 a。设 6 位数的补九运算为 $CP(*)$，用公式表示为

$$CP(a) = 999\ 999 - a$$

方程右侧是普通的运算。利用简单的数学结合律，便可将减法运算转换为有补码参与的加法运算：

$$CP(a-b) = 999\ 999 - (a-b) = (999\ 999 - a) + b = CP(a) + b$$

即 a、b 两数之差的补码，等价于被减数 a 的补码与减数 b 之和。

$$（a-b）的补码 = a 的补码 + b$$

小练习

以 6 位数减法为例：123–67=?

（1）被减数 000 123 的补码是 999 876。

（2）999 876+000 067 = 999 943（这一步计算自动计算）。

（3）999 943 取补码是 000 056。

则 56 就是答案，用补码把减法变成了加法。

为此帕斯卡在计算器的示数轮上标了两排数字，下排是原数 0~9，上排是对应的补码 9~0。

2. 如何做加法

做加法时挡住 Pascaline 上排的补码，露出下排的原码。先归零，然后直接拨数字即可（类似老式电话机拨号）。例如，256+374，先在百位拨 2，再在十位拨 5，再在个位拨 6，就相当于输入了 256。然后再拨号输入 374。在拨号时，计算器会自动进位，最后会在示数轮上显示出答案：630。这一操作很自然。

3. 如何做减法

做减法时挡住下排的原码，露出上排的补码。以 182–93 为例。

先输入 182 的补码 817，这时下排原码为 817（但不可见），上排补码显示出 182（可见）。具体输入时有两种方法。

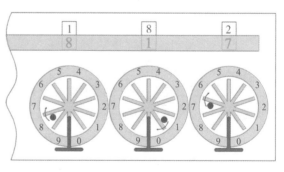

一种方法如图所示，把手指分别放在百位的空当"8"中、十位的空当"1"中、个位的空当"7"中，顺时针方向转动，碰到阻挡杆为止。这样就输入了 817，但是显示在补码位置的是 182。

另一种方法，不去算补码，手指均放在百、十、个位的空当"9"中，顺时针方向转动时上排百位出现"1"、十位出现"8"、个位出现"2" 时即停止转动（注意通常不转到底碰到阻挡杆）。

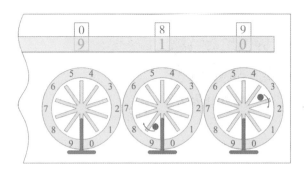

然后再输入 93，机器会自动做加法，下排的原码计算 817+93=910（但是看不见），上排显示 910 的补码 089，答案即 182-93=89。

因此减法与加法类似，只是被减数输入稍麻烦一点。

◆ 帕斯卡计算器的复原

清楚原理后，可以自己做一个模型。利用 AutoCAD 软件以及激光切割机，可以做一个简单的复原装置。主要材料就是木板和直径 2 mm 的铁轴。

下面看看 sautoir 是如何拼装起来的。

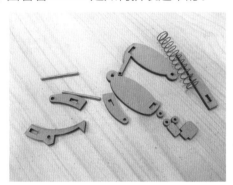

先把相关零件放在一起

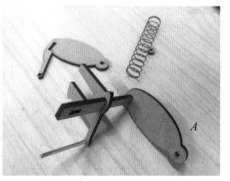

拼装时利用榫卯结构，直接插入相应的位置。这部分是部件 A

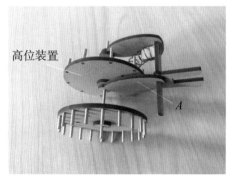

A 与高位的圆心连接，高位上有很多凸起短杆，用于推动进位

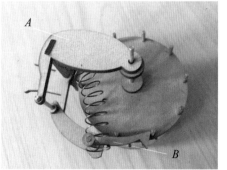

由于弹簧作用，B 紧贴高位凸起杆

 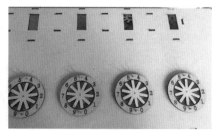

内部结构　　　　　　　　　　　外部设计

装置的摩擦力还比较大，仍有改进的空间，不过可以演示简单的加减法。

 小结及点评

帕斯卡计算器的原理，特别是"补码"的思想，值得我们学习借鉴。类似的案例，把乘法用加法表示，就导致了对数的发明。在计算机普及之前，工程师经常查对数表进行复杂的运算。

帕斯卡语录

除了从帕斯卡计算器中理解机械和数学，物理上，他提出了密闭流体能传递压强的定律（帕斯卡定律），发明了注射器、水压机等。作为哲学家，帕斯卡的语录也很有启发意义，《思想录》集中反映了其哲学思想：人只不过是一根芦苇，是自然界里最脆弱的东西；但他是一根会思考的芦苇。

我们全部的尊严就在于思想。我们必须通过思想，而不是通过无法填满的空间和时间来提升自己。

---

6. 跳高的方式——如何做到事半功倍

跳高是征服高度的运动项目，是人类不屈不挠、勇攀高峰的象征。在人类不断越过新的高度时，运动员采用的跳高姿势也在不断演变。

有研究表明，随着跳高方式的变化，跳高的成绩出现了明显的跨越式的增长。你是否好奇跳高成绩与跳高方式的关系？

◆ 跳高的主要方式

跳高作为一种游戏活动很早就有。现代跳高运动始于欧洲，19 世纪60 年代后跳高开始在欧洲和美洲普及。跳高运动的技术动作出现过多次重大演变，包括跨越式、剪式、滚式、俯卧式和背越式，现代绝大多数运动员都采用背越式。

1. 跨越式跳高（scissors）

这是一种简单的跳高方式，简单易学，适合初学者练习，学生在学校里大多使用这种方法。它分为助跑、起跳、过杆和落地四个步骤。

跨越式

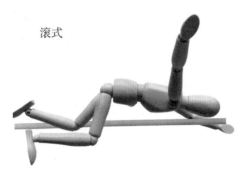

滚式

2. 滚式跳高（western roll）

1912 年，霍莱恩（George Horine，美国）用独创的滚式，跳过了 2.01 m 的高度，成为世界上第一个突破 2 m 大关的人。其过杆的特点是：身体绕纵轴翻滚，水平过杆。

151

3. 背越式跳高（Fosbury flop）

1968 年，福斯贝里（Dick Fosbury，美国）在第 19 届奥运会上，采用独特的弧线助跑、背向横杆的过杆方法，以 2.24 m 的成绩摘取了男子跳高桂冠。其过杆特点是: 身体弯曲，面朝上，背部过杆。

背越式

◆ 原理解释

现在，世界级的跳高选手在比赛中都采用背越式过杆。这里面有什么原因吗？这可以用质心运动定理来解释。

质心运动定理揭示了物体的质心运动状态仅与外力有关，与内力无关。运动员在空中运动且不考虑空气阻力时（人体运动速度比较低，空气阻力基本可以忽略不计），身体质心做抛物线运动。

运动员在空中可以做各种翻滚动作，但是根据质心运动定理：不管他的手、脚如何运动，这些都是肌肉收缩产生的内力，不影响身体质心的运动。

1. 内力与外力的影响

所谓内外，是相对于所研究物体来说的。

以乘车为例，对某乘客而言他自己是"内"，别人都是"外"。别人挤他都是外力，他自己暗暗用力抵抗属于内力。对汽车而言，乘客们相互拥挤是内力，汽车轮胎和地面的摩擦力是外力。

2. 真实世界要满足质心运动定理

真实的世界要满足物理、化学等定理。而童话、神话可以不满足，所以孙悟空的金箍棒可以任意放大缩小，武打小说中的高手可以在水面上、竹林上飞来飞去。

有一本童话书《吹牛大王历险记》，主人公吹牛大王经常吹牛。他说，有一次骑马连人带马掉进了泥潭，马跳不出来。他就拉着自己的头发，把自己和马从泥潭中拔了出来。

知道质心运动定理后，我们可以这样说：用手拉自己头发的力是内力，内力不能改变整个质系的运动状态，但内力可改变质系中部分物体的运动状态——他把自己头发拔掉没有任何矛盾，但是把自己拔出泥潭就违反了物理定理！

3. 跳高运动中的质心运动

回到跳高运动，根据质心运动定理，可以知道下面两点。

（1）运动员起跳后，身体的质心做抛物线运动。

（2）不管运动员手、脚如何运动，各关节及肌肉的力均为内力，不影响身体质心的运动。

但问题是：虽然不同姿势对质心运动没有影响，但质心相对身体的位置是否受影响？参考人体的生理结构特点，有理由认为，人体以不同方式过杆时，质心的相对位置不同。

跨越式——采用这种方式过杆时，人体质心大约在杆上方 0.3 m 处。

滚式——采用这种方式过杆时，人体质心大约在杆上方 0.1 m 处。

背越式——采用这种方式过杆时，人体质心估计在背部下方 0.1 m 处，质心从横杆下方通过。

上述的数据是估计的，但不影响结论。运动员起跳后，其质心做抛物线运动。假设一个运动员经过长期训练，其助跑速度、起跳角度都比较稳定，采用不同的方式起跳，不妨假设在不同的跳高方式下抛物线的最高点为 1.8 m。根据前面的分析，过杆的高度分别如下：

跨越式：1.8 m–0.3 m=1.5 m

滚式：1.8 m–0.1 m=1.7 m

背越式：1.8 m+0.1 m=1.9 m

这就解释了世界级跳高选手为什么都采用背越式了。

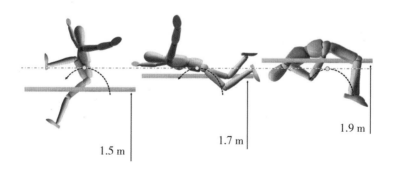

◆ 树叶的飘动

人在空中受重力作用，跳高运动员质心运动轨迹只能是抛物线，不可能飘来飘去。但树叶为什么会飘呢？

因为树叶有很大的面积质量比，空气阻力不能忽略。小球与树叶在同一高度静止下落，实验发现小球沿直线落下，而树叶一般是按"之"字形轨迹飘下来，且花费的时间更长。

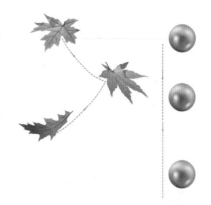

在日常生活中，我们知道一张纸扔不远，但是把纸揉成团，就能扔得远一些。这也可以用面积质量比来解释：纸不管怎么揉，质量不变，但是受到空气阻力的面积大为不同。

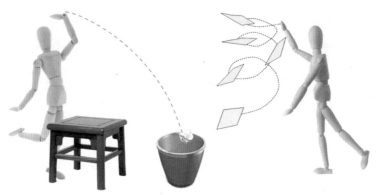

✎ 小结及点评

发明创造无处不在，除了发明工具、机器等实际物品，新的方法、规章和软件也都算发明。

跳高方式的变化也算是一种发明。

跳高新方式的出现明显提高了跳高成绩。在跳高方式确定后，运动员通过训练也能提高成绩，但是不会有太大的变化。

背越式跳高，身体弯曲得越厉害，质心位置距腰部越远，成绩会更好。因而可以得出结论，在身体素质一定的情况下，应进行柔韧性的锻炼！由于身体向前弯曲明显比向后弯曲容易，甚至可以推测，将来的跳高方式或许还会出现"弯腰式"（如果规则许可的话），这在撑竿跳中已实现。

如果把质心抛物线的最高点理解为运动员的能力，而杆的高度理解为运动员表现出来的成绩，可以发现不同的过杆方式导致不同的成绩。起跳后质心的高度反映了运动员的"硬实力"（弹跳力、身体素质等），但是显示的成绩与"软实力"（跳高的方式、身体的柔软程度）也有关系。

启示：做事情方法很重要。在自身能力一定的情况下，如何展示出更好的成绩？方法好，就可以事半功倍。跳高是这样，做其他事情呢？

7. 意想不到的圆周率——如何变换使问题简单

古今中外有很多著名的数学家研究过如何得到圆周率。圆周率的一个很有趣的表达式是

$$\frac{\pi}{4} = \frac{1}{1} - \frac{1}{3} + \frac{1}{5} - \frac{1}{7} + \frac{1}{9} - \frac{1}{11} + \frac{1}{13} - \cdots$$

数学中最著名的一个公式是

$$1 + e^{i\pi} = 0$$

这是数学家欧拉（Leonhard Euler，1707—1783，瑞士）发现的，它把数学中最重要的几个常数 0、1、i（虚数单位，−1 的开方）、e（自然对数 2.718）、π（圆周率 3.14）联系在一起。

中国古代数学家祖冲之（429—500）计算得到圆周率在 3.141 592 6 与 3.141 592 7 之间。为了使用简单，他把 22/7 称为"约率"，把 355/113 称为"密率"。

与祖冲之有关的一件趣事是：1932 年，国学大师陈寅恪（1890—1969）教授主持清华大学入学考试，在国文试卷上加了一道对联题，上联是："孙行者"。下联标准答案据说是"祖冲之"，这样的考试在今天看来有点像是天方夜谭了。

◆ 出乎意料的方法

18 世纪博物学家布丰（Georges Louis Leclerc de Buffon，1707—1788，法国）最早注意到投火柴棒问题：在一个平面上，画一组相距为 a

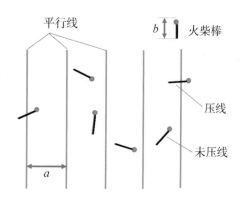

的平行线，随机扔一把长度为 b 的火柴棒到平面上，自然会出现压线或未压线两种情况。布丰惊奇地发现：压线的数目与未压线的数目之比与 π 有关。扔的次数越多，求出的 π 值越精确。

通过投火柴棒获得圆周率，是得到 π 的最为稀奇的方法。据记载，1901 年数学家拉泽里尼（Mario Lazzerini，意大利）进行了 3 408 次投掷，算出 π 的值准确到小数点后 6 位（表 3–2），不过拉泽里尼的实验受到了一些数学家的质疑。

表 3-2　历史上一些投火柴棒试验的结果

实验者	年份	投掷次数	相交次数	圆周率估计值
沃尔夫	1850	5 000	2 531	3.159 6
史密斯	1855	3 204	1 219	3.155 4
德摩根	1880	600	383	3.137
福克斯	1884	1 030	489	3.159 5
拉泽里尼	1901	3 408	1 808	3.141 592 9
赖纳	1925	2 520	859	3.179 5

不管怎样，随手扔出的火柴棒就能算出 π，是不是很令人惊讶？

◆ 原理分析

为什么扔火柴棒（或大头针）游戏的结果会与 π 有关？

假设扔出的火柴棒总数为 N_{all}，压线数目为 N_{press}。我们可以想象：如果纸上线条很密集，火柴棒基本上都压线，N_{press}/N_{all} 接近 1；如果线条很稀疏，火柴棒基本上都不压线，N_{press}/N_{all} 接近 0。

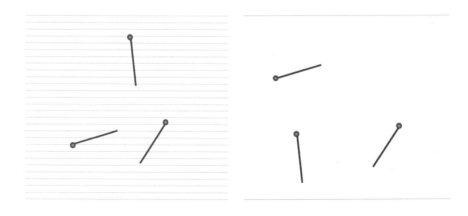

因此一定存在适当的线条密度，可以让 $N_{\text{press}} / N_{\text{all}}$ 接近圆周率的倒数 1/3.14，反过来一定会有 $N_{\text{all}} / N_{\text{press}}$ 接近圆周率的情况。

但这时平行线距离到底是多少呢？

◆ 处理思路

假设平行线距离为 a，火柴长为 b。火柴两端点为 A 和 B，A 点坐标为 (x_A, y_A)，B 点坐标为 (x_B, y_B)，AB 与 x 轴的夹角为 θ。

首先感觉参数太多，要适当处理减少参数。比如，对于平行线而言，水平坐标不影响是否压线，因此做这样一个变换：建立一个新的坐标系，垂直方向与原来相同，但水平方向用火柴的角度表示。这样一来，火柴的位置就可以用 (θ, y_A) 表示，即从实际的一根棍，变为等价的一个点。

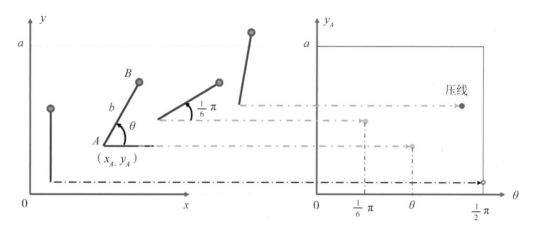

如何判断火柴是否压线呢？在原坐标系中有 $y_B = y_A + b \sin\theta$。$y_B \geqslant a$ 表示压线，$y_B = a$ 表示正好压线。换到新坐标中，火柴是否压线的分界线为 $a = y_A + b \sin\theta$，可以改写为 $y_A = a - b \sin\theta$。

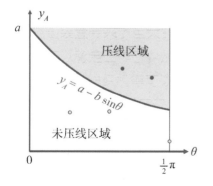

实物模拟图

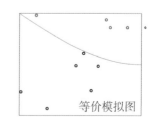

等价模拟图

这样处理后，实际火柴（线段）就变换为新坐标中的一个点（从实物模拟图变为等价模拟图，压线用红色表示，不压线用黑色表示），为后续分析提供了方便。如果火柴少还看不出有什么优点，如果火柴数目多，就能明显看出变化后的优点了。

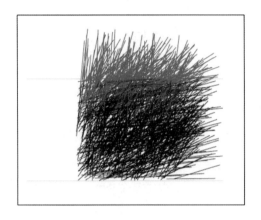 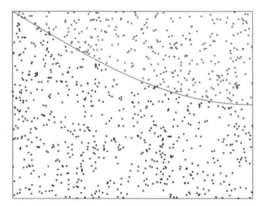

模拟扔 1 000 根火柴，可以看出实物模拟图中相互重叠，比较杂乱；而等价图中变为1 000 个点，是否压线一目了然。

这表明适当的描述方式很重要，在生活中，做其他事情是否也一样？

◆ 概率登场

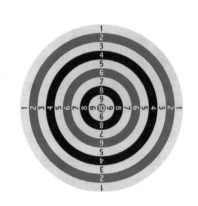

由于抛火柴是随机的，所以等价的点落在某区域的概率与对应的面积有关。类似射击打靶，靶面上 10 环的面积最小，所以击中的概率最低。

我们先算一下新坐标中不同区域的面积。

总面积是矩形面积：

$$S_{all} = \frac{1}{2}\ \pi\ \cdot a = \frac{1}{2}\ \pi a$$

压线部分面积是黄色区域，边界是三角函数，通过计算（具体涉及微积分），有

$$S_{press} = b$$

所以通过随机扔火柴，火柴压线的概率是面积之比，为

$$P\left(\frac{N_{press}}{N_{all}}\right) = \frac{S_{press}}{S_{all}} = \frac{2b}{\pi a}$$

即当平行线的距离是 2 倍的火柴棒长度时（$a=2b$），

扔出火柴的总数与压线数目之比（从概率上说）等于圆周率。

上页图是利用计算机编程得到的结果。经过多次尝试，会得到很接近圆周率的结果。

◆ 实践尝试

这是作者给中央电视台《异想天开》栏目设计的"寻找 π"节目，学生们在 A4 纸上画一些平行线，在气球里面装很多火柴棒，然后利用给定材料设计制作一发射装置，使之可以击破气球，让火柴棒从空中散落纸上（一方面增加随机性，另一方面增加动手环节）。然后清点纸上有多少根火柴棒压线，看谁的比值最接近圆周率 3.14。

选手们把火柴棒装进气球，当气球和火柴棒准备好后，把气球挂在前面的竹竿上，并在地上铺好纸，然后采用半蹲的姿势开始射击。他们发现，气球并不那么容易射爆。首先他们不能用威力大的子弹射击，以免把气球中装的火柴棒全射跑了；其次悬挂的气球不像固定的气球，既容易随风飘动，射中后也会顺势摆动。所以有的气球连中几箭都没有破。

后来气球被射爆时，火柴棒往往散落得到处都是，能落在纸上的火柴棒不是太多，选手们清点压线及未压线的火柴棒，然后进行计算。最后发现结果比较分散，说明理论和实际还是有些差距。

✍ **小结及点评**

利用概率找圆周率，是一种出人意料的方法。

在具体处理过程中，利用转换的思想，把实际的线段转换为抽象的点，使问题简单明了。这种处理问题的思路值得学习借鉴。不是所有直观的描述都便于后续处理，可以找出最核心的参数来描述问题，这样才更容易理出头绪。

如果平行线的距离与圆周率有关（这是很多学生在分析之前的想法），那么这个试验就陷入循环论证了：用与圆周率有关的数据获得圆周率。不过现在的结果有点出乎意料吧？平行线距离与火柴长度的关系是整数倍，结果却与圆周率有关。

可能很多人不习惯利用概率来处理问题，但是在大数据时代，很多结论都是基于概率分析。概率分析对于经常出现但原理不清楚或很复杂的问题，最为有效。如在本案例中，火柴以什么角度落在什么位置，是一个复杂的动力学问题，每一根火柴都可以根据详尽的参数分析出具体的结果，但问题是我们无法获得这些详尽的参数。概率分析跳过了具体的力学分析，直接从随机的角度得出结论。

虽然计算面积时用到了微积分知识，但是本问题更主要的是展示了一种处理问题的方法：**换一种表述方式，就可以使问题简化。**

8. 航天中的引力甩摆——如何借力飞行

探索星空是人类的梦想。

以人类目前的科学技术水平，进入太空已经没有问题，但是进行深空探测还有很多困难。最大的困难是动力不足，因此如何"借力"就是一个值得探索的问题。

深空探测器是指对月球和月球以远的天体以及空间进行探测的航天器。

◆ 行星的影响球

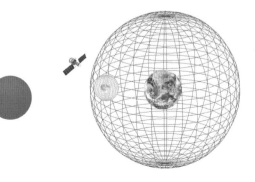

航天器在空间飞行时，同时受到太阳、行星等天体引力。天体的引力范围可以用"影响球"表示：当航天器在某行星影响球内飞行时，可以忽略太阳

及其他行星对航天器的引力影响（其实还存在，只是很小），这样就使得问题简化了。

以探月工程为例，月球的影响球用绿色球体表示，地球的影响球用蓝色球体表示，其他白色区域都是太阳影响球。当航天器在蓝色球内运动时，主要受地球的引力，可以不考虑太阳和月球的引力；当航天器在绿色球内飞行时，主要受月球的引力，可以不考虑太阳和地球的引力；如果航天器飞出了蓝色球体，主要受太阳的引力，不用考虑地球和月球的引力。

航天器在飞向更遥远的深空时，绝大部分飞行时间内只受太阳引力影响，只在接近某颗行星时才受该行星的引力影响。

在整个太阳系，各行星影响球半径相对太阳来说都很小，扣除这些行星影响球后，太阳系的其余空间都在太阳影响球内。如何充分利用行星影响球，就是深空探测面临的重要问题。

◆ 嫦娥援手救卫星

1997 年 12 月 25 日，亚洲 3 号卫星（休斯公司制造，现改名为 HGS–1）由俄罗斯质子号火箭发射，由于末级火箭提前关机，卫星搁浅于 350~36 000 km 椭圆轨道，倾角 51.2°，发射失败。

保险公司邀请航天专家分析后，认为卫星所带燃料不够变轨进入预定轨道，确认发射失败，赔偿了 2 亿美元。

1998 年 4 月，休斯公司一名员工想到新的方法，开始挽救这颗卫星。他们巧妙地借助月球引力和卫星上所剩燃料，最终让卫星进入倾角为 14°的地球同步轨道。

我们一起来探索这背后的知识！

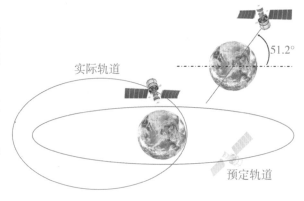

1. 原理介绍

（1）首先以失败的轨道（轨道1）为基础。

（2）在近地点处点火，把原来很大的椭圆轨道变为更大的椭圆轨道（轨道2），大到远地点比较接近月球影响球了。

（3）根据前面行星影响球的介绍，卫星接近月球影响球，要受到月球的引力影响。卫星每次靠近月球时，月球的引力把卫星向下拉一点，经过一段时间的累积，使卫星从最初倾斜51.2°慢慢变为倾斜14°（轨道3，因为月球不在地球赤道平面，所以轨道角度不可能再小）。

（4）这时卫星再点火收缩轨道，变为地球同步轨道（轨道4，周期24小时），可以使用了。虽然不是最初希望的轨道，但可以用于海事通信、新闻采集，算是白捡了一颗卫星。

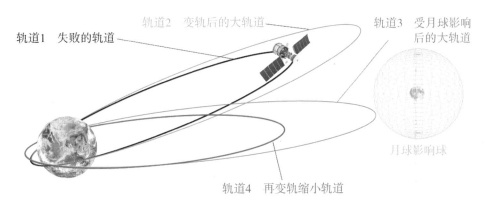

轨道2 变轨后的大轨道   轨道3 受月球影响后的大轨道

轨道1 失败的轨道

月球影响球

轨道4 再变轨缩小轨道

2. 具体的燃料消耗

根据轨道动力学的知识，轨道1的近地点速度为10.4 km/s，轨道2的近地点速度为10.8 km/s，从轨道1变轨到轨道2，需要的速度增量为

$$\Delta v_{1-2} = （10.8-10.4）\,\text{km/s} = 0.4\,\text{km/s}$$

注意：共面变轨（轨道在同一平面内），需要的燃料不太多。在航天中，速度增量就意味着燃料的消耗，是一个重要指标。从轨道2到轨道3利用了月球引力，不消耗卫星的燃料。从轨道3到轨道4，也是共面变轨，和前面对称，为

$$\Delta v_{3-4} = （10.8-10.4）\,\text{km/s} = 0.4\,\text{km/s}$$

即采用这种方法，共需要的速度增量为0.8 km/s，卫星上的燃料还够用。

但是如果按传统方法，直接从轨道1变轨到轨道4，需要的速度增量为

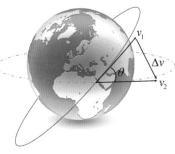

$$\Delta v_{1-4} = 2 \times 10.4 \times \sin\left[（51°-14°）/2\right]$$

$$= 6.6\,\text{km/s}$$

保险公司是按传统方法分析的，认为卫星上的燃料不够。

3. 为什么共面变轨需要的燃料很少

在航天领域，一个常识就是：改变轨道角度需要很多燃料，而改变轨道大小只需要很少燃料。这里面有什么道理呢？

我们把物体向上抛，速度越快，抛得越高，但是总会落回地面。当物体上抛速度达到7.9 km/s（第一宇宙速度）时，物体就可以在近地轨道（300 km）绕地球运动而不落回地面；当物体上抛速度达到11.2 km/s（第二宇宙速度）时，物体就可以飞离地球（认为飞到无穷远处）。

可以看到，速度从7.9 km/s增加到11.2 km/s，上抛高度就从300 km增加到无穷大了。所以很好理解，共面变轨时，增加一点点速度，轨道的大小就会增加很多。

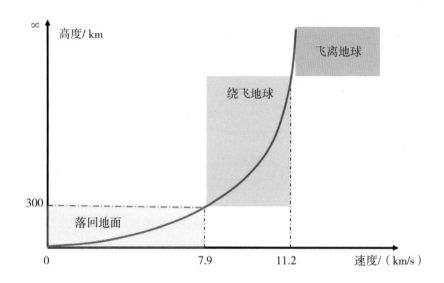

◆ "卡西尼"探测器的飞行轨道

深空探测中，航天器由于燃料不够，就不能直接飞向目标，而是要飞来飞去，四处借力。

例如，探测土星的"卡西尼"探测器首先向内飞到金星；然后围绕地球绕了几圈，再经过木星，最后对准土星飞行，整个行程达到了35.2亿km，是地球与土星的实际距离的2.5倍以上。

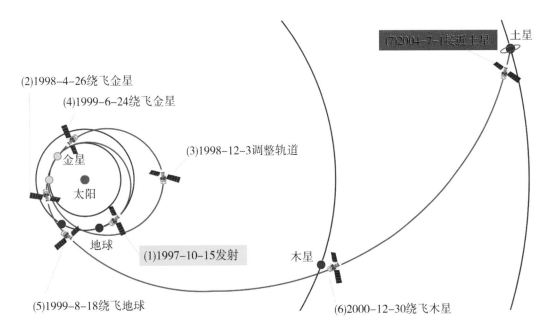

(2)1998-4-26绕飞金星

(4)1999-6-24绕飞金星

金星

太阳

(3)1998-12-3调整轨道

地球

(1)1997-10-15发射

(5)1999-8-18绕飞地球

木星

(6)2000-12-30绕飞木星

(7)2004-7-1接近土星 土星

这里面有什么道理呢?

◆ 引力加速的解释

深空探测器在飞行中为什么要多次绕飞小行星呢?就是为了进行引力加速(gravity assist,也称引力甩摆)。

在深空探测中,航天器大部分时间在太阳引力场中运动,假设在时刻 t_1 进入某行星影响球,在时刻 t_2 飞出该行星影响球。

从行星上看,航天器进入影响球内部后,可以忽略太阳的引力,飞行轨迹是圆锥曲线,由轨迹的对称性,有 $v_{进} = v_{出}$。

如果速度相等,那为什么说引力加速呢?

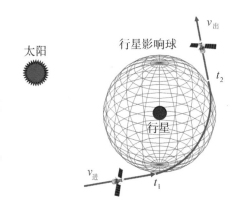

1. 直观现象

假设地面上某小孩扔出小球,速度为 10 m/s,碰到静止的车,假设车身是完全弹性的(以多大速度接近,就以多大速度反弹离开)。在地上的小孩看来,小球(用红色表示)以 10 m/s 去撞击车,以 10 m/s 的速度反弹回来。

在车中的小孩看来,小球(用白色表示)以 10 m/s 的速度飞过来,反弹回去的速度也是 10 m/s。

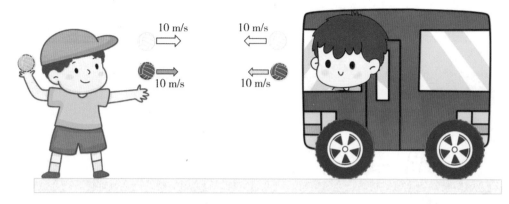

上述是小车静止的情况。如果车运动起来，迎面开来，假设车速为 30 m/s，地面上小孩扔出小球速度仍为 10 m/s，情况又如何呢？

车中小孩看到小球（用白色表示）以 40 m/s 飞过来，又以 40 m/s 反弹回去（以什么速度接近，就以什么速度离开）。

但是在地面上的小孩来看，小球（红色）以 10 m/s 飞过去，但是以 70 m/s 的速度反弹回来。为什么是 70 m/s？因为小球以 40 m/s 相对小车离开，小车本身还有速度 30 m/s，因此（40+30）m/s = 70 m/s。这说明小球被加速了。

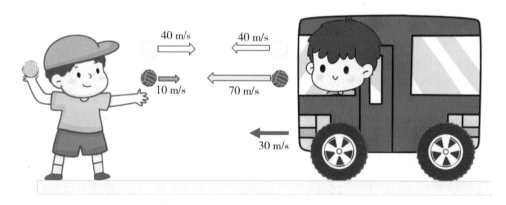

注意：如果小车静止，小球的反弹速度没有增加；但是小车运动起来，小球的反弹速度就增加了！

2. 行星的引力加速

前面介绍航天器进出行星影响球时，是站在行星的角度看，没有考虑行星运动的速度（类似小车静止的情况）。实际上行星绕太阳运动时速度还是很大的（如地球的公转速度约 30 km/s），所以导致航天器加速（类似小车运动的情况）。

因此航天器加速与小球撞击小车的原理相同，但是计算很复杂，要考虑进入和离开行星影响球的时间、位置、角度等因素。

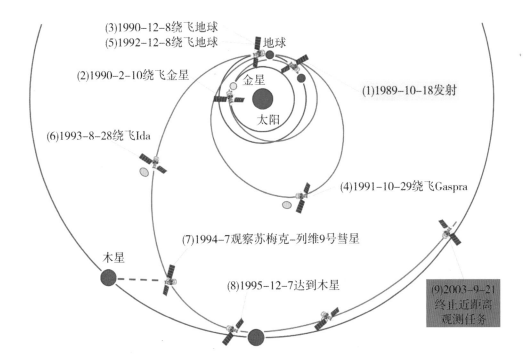

(3)1990-12-8绕飞地球
(5)1992-12-8绕飞地球
地球
(2)1990-2-10绕飞金星
金星
(1)1989-10-18发射
太阳
(6)1993-8-28绕飞Ida
(4)1991-10-29绕飞Gaspra
(7)1994-7观察苏梅克–列维9号彗星
木星
(8)1995-12-7达到木星
(9)2003-9-21终止近距离观测任务

以上就解释了在深空探测中航天器引力加速的原因。

以伽利略木星探测器为例，它的飞行路径也很复杂，多次飞越不同行星，经过多次引力加速后，最终于 1995 年 12 月抵达木星附近。

伽利略木星探测器于 1989 年 10 月 18 日发射升空，先飞向金星，于 1990 年 2 月绕金星加速，然后于 1990 年 12 月飞回地球加速。1991 年 11 月探测器传来第一张小行星加斯普拉（Gaspra）的特写照片，又于 1992 年 12 月飞回地球加速。1993 年 8 月探测器接近艾女星（Ida，也是第一颗被发现拥有卫星的小行星），1994 年 7 月探测器观测了苏梅克–列维 9 号彗星（Shoemaker–Levy 9）撞击木星的过程，最后到达木星并进行了为期 2 年的近距离观测。2003 年 9 月底跃入木星大气层烧毁。

知道"引力加速"的概念，就容易理解深空探测中航天器的复杂轨道了。

✏️ 小结及点评

知识就是力量，只有在更好地理解、掌握一些知识后，才可能在未来解决更复杂的问题。

亚洲 3 号卫星的挽救活动在国际航天界引起了巨大的反响，它综合利用了轨道动力学、天体动力学、航天控制技术和计算机仿真技术，是一次航天活动的成功范例。

巧妙利用引力影响球和引力甩摆的概念，可以打破常规，实现常规方法无法完成的航天任务。这种"借力打力"的思路和方法，值得我们学习借鉴。

9. 蒸汽机的发明与改进——如何稳定地工作

蒸汽机是一个改变世界的发明，是人类工业革命开启的标志。蒸汽机有很多零部件，其中哪些是重要而又有启发意义的设计呢？

蒸汽机是将蒸汽的能量转换为往复运动的动力机械。蒸汽机的出现使人类从依靠人力、畜力等原始动力中解脱了出来，实现了机器大生产，带领人类进入蒸汽时代。直到 20 世纪初，它仍然是世界上最重要的原动机，后来才逐渐让位于内燃机和汽轮机等。

◆ 相关的积累

水加热产生蒸汽，这是司空见惯的现象。然而就在这一现象的背后，蕴藏着巨大的动力。

世界上第一台"蒸汽机"是由希罗（Hero of Alexandria，10—70，古希腊）发明的汽转球（Aeolipile）。它由一个空心球（连有两个出气口管）和一个密闭锅（加热水变成蒸汽）组成，在空心球和密闭锅之间用两根管子相连，同时也是空心球的支撑。水沸腾后变成水蒸气，经连接管进入到空心球中，水蒸气从两个喷气口喷出，在水蒸气的反作用力下空心球就转了起来。汽转球只是一种玩具，并没有什么实用价值，可以算是蒸汽机的雏形。

物理学家惠更斯（Christiaan Huygens，1629—1695，荷兰）首先提

出了真空活塞式火药内燃机的工作原理。但由于火药的燃烧难以控制，以致这一原理未能实现。

蒸汽机发明有一个重要的前提，就是控制蒸汽压力，避免锅炉爆炸，这方面的工作得益于物理学家帕潘（Denis Papin，1647—1713，法国）于1679年发明的高压锅。它采用了杠杆式安全阀，杠杆 AB 可绕 A 点转动，在远端 B 处施加重物 W，当高压锅内压力超过设计值时，气压可推动汽阀 C 向上运动，重物滑向 C 点，从而排出部分压力，待高压锅内压力下降后，重物又落回最远端 B 处压住气阀。重物可移动，以便于调整气压。

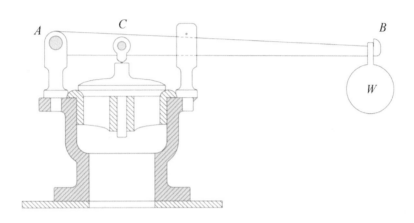

1690年，帕潘根据安全阀的工作原理发明了活塞式蒸汽机，不过帕潘只是对设计原理进行了思考，并没有真正制造出可使用的蒸汽机，但他的工作却开启了蒸汽机的研究。

◆蒸汽机的发明

蒸汽机的发明汇聚了很多人的创意，也经历了很多困难。

1. 第一台蒸汽机

1698年，塞维利（Thomas Savery，1650—1715，英国）发明了工业蒸汽机。塞维利对帕潘的设计方案进行了仔细研究，由于当时缺乏制造具有良好密闭性活塞的工艺，塞维利舍去了帕潘的活塞结构。

塞维利设计了两个部分：一是锅炉，二是密闭的工作容

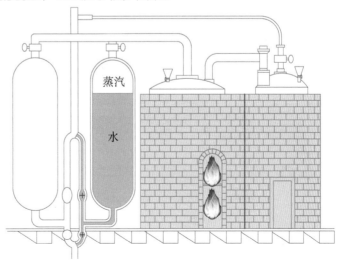

器。先通过锅炉把水加热，使蒸汽充满容器，然后关闭进气阀，在容器外喷淋冷水使容器内蒸汽冷凝而形成真空。打开进水阀，矿井底的水受大气压力作用经进水管吸入容器中；关闭进水阀，重开进气阀，靠蒸汽压力将容器中的水经排水阀压出。待容器中的水被排空而充满蒸汽时，关闭进气阀和排水阀，重新喷水使蒸汽冷凝。如此反复循环，用两个容器交替工作，可连续排水。

为了把水送到更高的地方，塞维利又专门设计了一个蒸汽压力装置，将其命名为"矿山之友"，并申请了世界上第一个蒸汽机专利。

塞维利机是人类第一台实用的蒸汽机，不过也存在很多问题，主要是效率很低，为了维持机器的运转需要烧很多煤。它靠压力输送水，由于当时材料制造和焊接工艺存在问题，管道时常发生断裂或爆炸。

2. 改进

当塞维利请帕潘（当时帕潘是英国皇家学会的会员）对他的蒸汽机进行鉴定时，帕潘意识到了塞维利机的不足并提出了重大的改进意见，但塞维利不认可帕潘的建议而不同意改进。

1707年，帕潘根据自己的理解改进了设计，将蒸汽引入气缸中，靠活塞推动水升高。帕潘和塞维利的差别主要在于是否使用活塞结构。

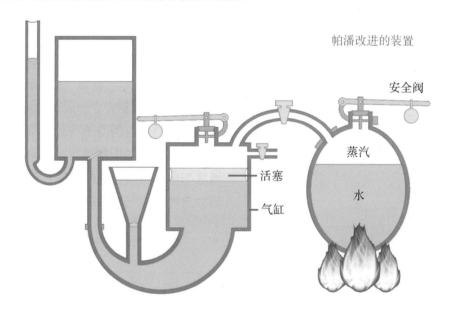

帕潘改进的装置

3. 继续改进

1712年，纽科门（Thomas Newcomen，1663—1729，英国）综合了帕潘的气缸活塞和塞维利靠冷凝蒸汽形成真空抽水的优点，将抽水的工作机构和提供动力的蒸汽机完全分开，这一分离标志着纽科门蒸汽机的完成。

纽科门蒸汽机的工作原理是：水被加热，产生水蒸气，把活塞向上推；蒸汽引入气缸后阀门被关闭，然后把冷水喷进气缸，蒸汽凝结时造成气缸内部局部真空，这时大气压把活塞向下压，通过链条带动井下水泵工作，把水抽到井外。

纽科门机用于矿井中抽水，非常成功，连续使用了 60 多年。由于当时申请专利需要昂贵的费用，纽科门并没有申请专利，使得纽科门机被广泛使用，成为煤矿抽水的必备设备。

纽科门机的出现，标志着蒸汽机革新中第一阶段工作的完成。

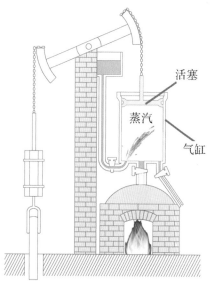

纽科门蒸汽机示意图

◆ 瓦特的重要改进

如果在街头随意问行人：谁发明了蒸汽机？很多人会说是瓦特（James Watt，1736—1819，英国）发明的，这有一定的道理，因为瓦特对蒸汽机做出了重要的改进。

从 1765 年到 1790 年，瓦特进行了一系列发明，比如分离式冷凝器、气缸外设置绝热层、用油润滑活塞、行星式齿轮、平行运动连杆机构、离心式调速器、节气阀、压力计，等等，最终发明出工业用蒸汽机，成为各种机械的动力源。

1763 年，瓦特得知英国格拉斯哥大学有一台纽科门蒸汽机，但是正在伦敦修理，他请求学校取回了这台蒸汽机并亲自进行了修理。修理后这台蒸汽机勉强可以工作，但是效率很低。瓦特的可贵之处在于他修好机器之后，还对其工作原理、热机效率、制造工艺等一系列问题进行了深入思考，在经过很多实验后，瓦特验证了气缸每次循环中大约有 3/4 的蒸汽热量被白白地浪费掉了，而且由于每次循环都要向气缸内喷入冷水而不能连续工作。

1. 提高效率

瓦特的第一个关键改进，是设计了独立的冷凝缸。老式蒸汽机加热后水蒸气充满气缸，然后在同一个气缸中喷洒冷水，让蒸汽冷凝。这样就造成了气缸忽冷忽热，大量能量被消耗在气缸反复加热的过程中。

1765 年瓦特考虑，如果单独设计一个冷凝装置，就不需要使气缸的温度降到常温再重新加热，这样就可以提高热机效率，从而将蒸汽机的效率提高 3 倍。瓦特设计了带有分

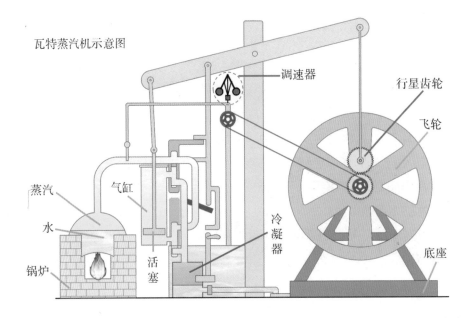

瓦特蒸汽机示意图

离式冷凝器的蒸汽机，并为分离式冷凝器申请了专利保护。瓦特在此基础上很快建造了一个可以连续运转的模型，但是要想建造一台实际的蒸汽机还有很长的路要走。

2. 把直线运动变为圆周运动

早期蒸汽机只能直线运动，这样的应用范围就很有限制。如果把直线运动变为圆周运动，蒸汽机就有可能成为各种大型机械的动力源，应用于纺织机、火车等。

在蒸汽机的改进过程中，瓦特开始研究如何将蒸汽机的直线往复运动转化为圆周运动，以使蒸汽机能为绝大多数机器提供动力。

一个显而易见的解决办法是通过曲柄滑块机构进行传动。

1780 年，皮卡德（James Pickard，英国）发明了飞轮和曲柄一起使用的机构，可以将往复式直线运动变成圆周运动。他提出，如果瓦特要使用曲柄飞轮的发明，就要分享瓦特

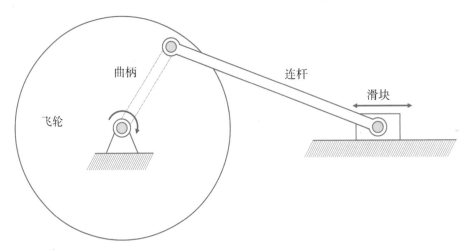

此前的分离式冷凝器的专利，这一要求被瓦特拒绝了。

1781 年，瓦特公司的雇员默多克（William Murdoch，1754—1839，英国）发明了行星齿轮（sun and planet gear）传动系统（中间齿轮类似太阳，另一齿轮类似行星，有公转和自转），并以瓦特的名义成功申请了专利。这一发明绕开了曲柄专利的限制，极大地扩展了蒸汽机的应用。蒸汽机输出的不再是活塞的往复直线运动而是圆周运动，这为其成为通用动力奠定了基础。

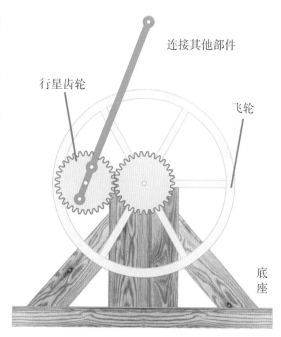

3. 保证稳定运转

1784 年，瓦特进一步对蒸汽机进行了改进，他利用离心调速器（centrifugal governor）保证了蒸汽机转速的平稳性。

离心调速器的原理：蒸汽导致活塞运动，通过皮带使两个小球旋转起来，如果蒸汽量过大导致小球转得快，小球的离心力使其外甩，导致连接的套筒下降，套筒带动连杆转动，把进蒸汽的阀门关小些，从而减少蒸汽量。反之，如果蒸汽量过小，小球由于自重下落，装置会自动调节阀门增加蒸汽量。这一装置是自动调节的，虽然蒸汽量仍会存在微小波动，但是误差在可接受范围。

蒸汽机的反馈控制机制，是用当前的转速状态（通过巧妙的机械设计）来影响当前和下一时刻的转速状况。在控制系统中，如果返回信息的作用是抵消输入信息，称为负反馈，负反馈可以使系统趋于稳定。这个小巧的反馈控制装置带来了巨大的影响——蒸汽机可以稳定工作了，从此汽车、轮船、火车、纺织机等可以利用蒸汽机作为动力，由此引发了工业革命。

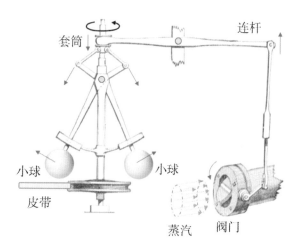

小结及点评

蒸汽机带来了巨大变革：英国 1700 年的煤产量约为 300 万吨，由于引入蒸汽机，到 1800 年，总产量翻了一番。1830 年，英国的煤产量是世界煤总产量的 4/5。到 1850 年，蒸汽机已经成为英国工业的主要动力，煤年产量增长到 1700 年的 20 倍，带动了各个行业的发展。

值得说明的是：行星齿轮使得蒸汽机从之前的往复直线运动变为圆周运动，可以成为各种机械装置的动力源；离心调速器使得蒸汽机稳定工作。正是由于离心调速器和行星齿轮的应用，才使得蒸汽机得到大范围的应用，也成为工业革命的标志。

工业革命改变了历史的发展进程。回顾历史，有无数的发明创造，但是这几个小小的装置在改变历史的进程中竟然如此重要，恐怕出乎很多人的意料吧。

第四章　动手与实践

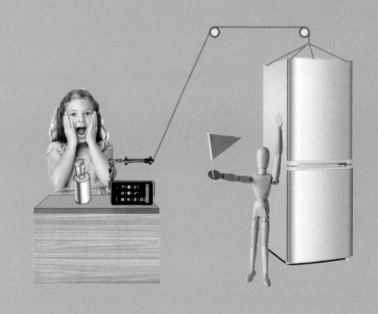

教育不能只是把已有的知识整理好，按照一定的顺序灌输给孩子们。如果按照这种模式，孩子们有时会把学习知识当作沉重的负担，久而久之还会产生逆反心理，甚至厌学、逃学。将所学知识与动手实践活动结合，更能加深理解教育，最重要的事情是要激发孩子们的兴趣，让他们主动地去获取知识。孔子说："知之者不如好之者，好之者不如乐之者。"爱因斯坦说："在学校里和生活中，工作最重要的动机是工作中的乐趣……"

的确，"实践出真知"。作者参与了中央电视台《异想天开》《我爱发明》《走近科学》《加油！向未来》等科普节目的策划，提倡"用头脑赛跑，用双手说话"，为科普节目设计了一系列既动脑又动手的科技制作和竞技环节，营造一种崇尚创新、动手实践、解决实际问题的良好氛围，配合创新型国家的建设。

动手实践活动是一个发现问题、明确问题、设计方案、解决问题，以及实施的过程，需要充分运用多学科和跨学科知识，有利于培养学生的多种能力：创意能力——用多种方式表达自己的意念、想法，不用考虑限制条件；面向真实情景的创造能力——提出多种可能的方案，考虑限制条件；设计能力——把理念转化为具体的操作方案；知识的整合、应用及物化的能力——把想法变为现实，做出具体的装置或作品；基于可靠性、性价比的方案权衡和优化能力（基于证据的判断）；把有形的创造物与无形的智慧相互进行转化的能力（融会贯通，迁移）。

本章设计了有趣的挑战问题，有助于让学生得出"与众不同"的答案，而这正是培养创造力的开始。这些问题都是开放的，没有标准答案。更重要的是，整个过程通过游戏的形式，贯穿了发现问题、提出问题、思考与分析的方法和思维模式，帮助学生学会如何用简单的道理解释复杂的问题，如何创造性地解决问题等。

1. 弹簧秤称大象——如何简单巧妙地解决问题

曹冲称象的故事家喻户晓：他让大象站在船上，记下水面相对于船的位置。然后牵走大象，再把石头运上船，等水面再次到达船身相同的位置时，就认为大象的重量等于石头的重量，而石头是可以分散称量的。

这个故事中的原理很好理解，但是如果实际来操作误差会很大，甚至小船都会翻掉，因为我们发现大象不敢上稍微凸起的窄台阶，更不用说上小船了。即使上了小船，大象也不会平静地待着，长鼻一摆就会导致小船晃动，根本测不准小船吃水线的位置。

不采用曹冲的方法，还能有什么方法呢？这是和中央电视台《异想天开》导演一起讨论、策划的挑战游戏，是在云南拍摄的。要求选手利用 5 kg 量程的弹簧秤，少量辅助材料，设计一个装置称出几吨重的大象。

参赛各队在短短的几天时间内，八仙过海、各显其能，竟然方案各不相同。比赛中要称重的大象名叫"阿莲"，它还会表演杂技呢！

◆ **热身赛：弹簧秤称人**

比赛中为了让选手适应一下难度，先来一个比较简单的比赛：如何用弹簧秤称出人的重量？热身赛分了三个队，某校艺术学院队、网友队和清华学生队。导演临时找来大家都不认识的女孩，让各队用自己的方法进行测量。

某校艺术学院队的两名男生身体强壮，他们扛起两个竹筐，一边竹筐中坐一个体重已知的女孩，另一个竹筐中坐待测体重的女孩。如果不平衡就用香蕉配平，两边平衡后称出香蕉的重量，就知道待测女孩的体重了。这一方案利用了天平的原理，平衡时两端质量（重量）相等。称量过程中男生比较辛苦，因为要扛两个"千金"。

网友队做了一杆秤，白色的塑料袋中装了砖头当作秤砣。他们站在木桩上，让女孩坐在类似秋千的木板上，移动秤砣，平衡后根据秤砣的重量和距离，就知道女孩的体重了。这一方案利用了杠杆原理，较轻的秤砣就可以平衡较重的物体。称量过程比较轻松。

清华学生队的方案与众不同，他们借了一辆自行车，在后轮上绑上一根铁管。比赛时他们推着自行车上场，支起脚蹬让后轮悬空，脚踏板水平放置，让女孩站在脚踏板上，学生们在两侧保护。女孩使后轮有顺时针方向转动的趋势，学生在后轮的铁管上移动配重（如下右图中白色塑料袋），使得铁管平衡，这时只要知道配重的重量、距离，就能利用较复杂的杠杆原理算出女孩的体重。

◆ 称大象

发明创造的重要特点就是与众不同，而参赛各队的方案的确都不相同。

1. 艺术学院队

首先出场的是某校艺术学院队，他们穿着具有当地民族特色的艳丽服装，制造了一把巨大的秤。现场的人们都开玩笑说，如果他们的巨秤能成功称出大象的重量，就可以去申请吉尼斯世界纪录了。

巨秤全长 6 m 多，用从建筑工地借来的实心钢管做成。巨秤有套环可挂在吊车上，头部 S 形套环与装大象的铁笼相连。配重是事先准备好的两箱纯净水。

很多人对这个秤不放心。比赛开始后，队员们把挂钩装在吊车上。吊车启动后还未完全把铁笼吊离地面，巨秤套环就弯曲变形了，而与铁笼相连的 S 形挂钩在弯曲处断裂，该方案失败。

他们失败的重要原因：加工 S 形挂钩的方法不当。S 形挂钩由较粗的钢筋弯曲而成，弯曲处有明显的裂纹。物体弯曲时外表会发生变形，直径越粗变形越严重，因此要在加热的情况下进行加工，否则就会出现裂纹。可能限于加工条件，或者他们没有注意这个问题，所以做出的 S 形挂钩表面有裂纹，导致加载重物时中途断裂。

另一个问题是采用实心钢管。巨秤用实心钢管做成，自身较重，悬挂起来后不加配重变形就十分明显。即使不考虑巨秤的变形，其自身重量可能就超过了两箱纯净水的重量，所以误差会很大。所以采用空心钢管比实心钢管好（见第二章内容"为什么筷子容易折断"）。

2. 深圳发明家队

发明家队由来自深圳的一家三口组成，其中父亲是某发明协会的成员。他为了搞好发明，曾经自学过很多大学课程，另外他有很强的动手能力。他们的方案是利用二级杠杆放大原理，设计制造都比较简单巧妙。

他们的二级杠杆在理论上可以放大 160 倍。为了缩短装置的长度，两个杠杆垂直安装，最后封装在一个小小的平台中，平台的大小可以让大象站在上面。

利用杠杆可以把力放大。而二级杠杆是指两个杠杆连接在一起，其优点是缩短尺寸，节省空间。

如果直接做一个杠杆，一边是大象，一边是小狗，假设大象重 2 000 kg，小狗重 20 kg，则杠杆两段的长度比就要有 100 倍，如果短力臂 AO 有 5 cm，整个杠杆就要有 5 m 长。

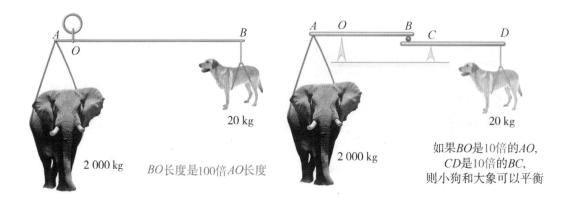

BO长度是100倍AO长度

如果BO是10倍的AO，
CD是10倍的BC，
则小狗和大象可以平衡

如果采用二级杠杆，AOB 是一个杠杆，BCD 是另一个杠杆，两杠杆在 B 点连接在一起。设 BO 是 AO 的 10 倍，CD 是 BC 的 10 倍，这样总的放大倍数仍是 100 倍。如果短力臂 AO 和 BC 仍是 5 cm，则整个杠杆长度为 1.1 m，尺寸明显短了。

发明家队称出大象的重量为 2 080 kg，而吊车直接称出的大象"标准"重量为 2 100 kg。误差只有 20 kg！发明家队的二级放大装置设计很巧妙。在细节上，把两个杠杆垂直安装而不是一字排开，放大效果不变，但是节省了空间便于运输。测量时大象直接站在测量平台上，而平台的高度大约只有 20 cm，大象站在上面不会害怕，比较安静，这是该队取得成功的重要保证。

3. 清华学生队

清华学生队的方案是：用绳子把吊车与铁笼相连，让笼子振动起来；然后在笼子侧面加上弹簧，让系统再度振动起来。然后学生们根据振动的周期，就能算出大象的重量。

大家知道，单摆的周期只与摆的长度有关，与悬挂的重物无关。所以直接利用单摆是测不出重量的，他们采用了"弹簧质量系统"：把弹簧和一个物体连在一起，它的振动周期与弹簧的长度有关，同时也与物体质量有关。因此通过测量"弹簧质量系统"的振动周期，就可以反过来算出大象的质量。

如果直接把大象挂在弹簧上，小小的弹簧肯定会被拉断；如果让大象压在弹簧上，弹簧肯定会被压瘪而不能振动。他们想到的解决的方法就是利用单摆：先把大象用吊车悬挂起来成为单摆，再把笼子侧面连上弹簧成为"弹簧质量系统"。这一方案很巧妙，现场只需要测量时间，操作起来很简单。但是由于各种原因，弹簧固定在地面上时不够结实，弹簧另一端与笼子固定得不好，变成只受压不受拉，弹簧只在振动的一半周期内产生作用。再加上大象在笼中不停地晃动，该队最后的结果误差也比较大。如果是测量一辆小汽车的重量，应该是个很好的方案。

4. 网友队

网友队由网上发明协会的成员组成，其特长是动手能力强，同时有较多的创意。他们提出了一些出人意料的方案，但都没有成功。网友队最后进行了表演赛，不算成绩。

小结及点评

如何用小小的弹簧秤称出几吨重的大象，这是真正的挑战性问题，也是真正的异想天开活动，是一次利用知识解决问题的游戏，其目的是向大家展示：**如何利用简单的工具和材料，巧妙地完成看似不可能完成的任务。**

各队的方案不同，表明处理问题的方法和思路可以多种多样。不同的方案导致了测量误差和操作简便程度的差异，如何选择方案，既是比赛中选手要思考的，也是值得大家思考的问题。

在这次比赛中，大部分队伍的方案是把大象装在笼子里悬挂起来，然后采用各种方式进行测量；发明家队和网友队则是让大象直接站在他们的装置上。事后来看，把大象悬挂起来效果并不好，因为大象悬空时可能感到害怕而会不停地晃动。

2. 飞针穿玻璃——如何发现问题并解决问题

在电视中经常能看到有人表演"飞针穿玻璃"，这是魔术还是真的功夫呢？

这个问题也是清华创意实践课程中的一个环节，为此作者专门邀请了一位武术大师来清华给学生表演，同时电视台来拍摄学生们的设计制作过程。

照片中武术大师准备发力抛针了，注意玻璃后面放了 3 个气球，如果钢针击穿玻璃，就能很直观地看到气球爆破。大师发力后，可以看到气球已经爆了一个，主持人吓得都闭上了眼睛。

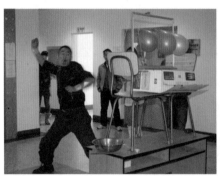

我们在现场检查过钢针和玻璃，都是普通的钢针和玻璃。现场的每位学生都自己试着扔了一次钢针，大家都使出了全身力气，但没有在玻璃上留下一点痕迹。

为了证明飞针穿过了玻璃，武术大师用钢针穿破了金鱼缸，并在金鱼缸中找到了钢针。发射三次钢针后，金鱼缸被击破，水流了出来。

为什么武术大师可以飞针穿玻璃,但是我们却不能呢?

◆ 探究

我们想知道钢针飞行中的一些状况,包括速度、角速度等,于是用高速摄影机进行了拍摄。

1. 速度因素

我们请武术大师测试一下,结果惊讶地发现:武术大师用钢针击穿玻璃时所需要的速度大约是 25 m/s,远远比我们想象中的要小。而学生中有人扔钢针的速度甚至达到 30 m/s!

大家陷入了思考:怎么回事?速度比武术大师还快,为什么不能击穿玻璃呢?看来我们忽略了某些因素。

有人猜测:会表演"飞针穿玻璃"的人都练过多年的武功,会不会他们使出了什么内功?我们认为:不管是"内功"还是"外功",扔出去的钢针速度就是那么快。看来我们还要考虑其他一些因素,也许我们应仔细观察表演者扔飞针的动作与我们有何不同?

2. 角度因素

武术大师在表演飞针之后,又表演用筷子击穿铁盆。由于筷子比钢针大得多,这就为我们仔细观察他的出手动作提供了方便。经过观察发现,筷子在出手前尖端朝着后方,扔出去后尖端要刺入铁盆。这说明筷子在空中是翻滚前进的。

钢针与筷子类似,出手时垂直,出手后钢针一边前进一边转动。刺入那一刻,是否和角度有关呢?

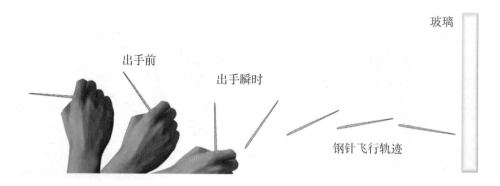

这样看来，要让钢针正好与玻璃垂直接触，就是一个大问题了：钢针在出手后要具有特定的转动角速度才可能垂直接触玻璃。武术大师经过多年的练习，已经很熟练地掌握了出手速度和抖手腕的力度，一般人没有这个经验。

右图中女孩手拿钢针的方式与武术大师不同。这样扔出的钢针很平稳，但是为什么也不能击穿玻璃呢？

可以用体育中投标枪的动作进行解释。注意教练员给运动员展示投标枪时身体要有转体动作；身体转动带动整个手臂运动，同时产生爆发力扔出标枪。武术大师旋转扔出钢针和运动员转体投标枪，都是为了增加爆发力。

通常我们为了平稳地扔钢针，身体基本不动，只是手的前臂在挥舞；钢针平稳地扔出去，角度很正但是速度很低。原因是手臂的位移小，做功少；另外，平稳扔出时没有爆发力，力量明显不够。

我们面临的困难是：平稳地扔出钢针，角度合适但力度不够；把钢针甩出去，力度合适但角度不合适。

　　钢针旋转着扔出，速度明显提高，但是角度不好控制，武术大师扔钢针的速度和角度都满足条件，所以可以击穿玻璃。一般人扔钢针的速度和角度不能同时满足条件，所以不能击穿玻璃。而且人们还有一个误区，总认为钢针的速度要特别大，所以把注意力都放在提高速度上，忽略了角度。

　　我们还可以从一些现象中看出角度的重要性，例如，士兵的钢盔是圆形的，这样子弹打在钢盔上时，如果不是正面击中钢盔，子弹会被弹开。

　　坦克车身和炮塔的装甲是倾斜安装的，如果反坦克火箭弹打在坦克的装甲上，容易被弹开。即使火箭弹不被弹开，装甲倾斜相当于增加了装甲的厚度，这与钢针撞击玻璃是一样的道理。

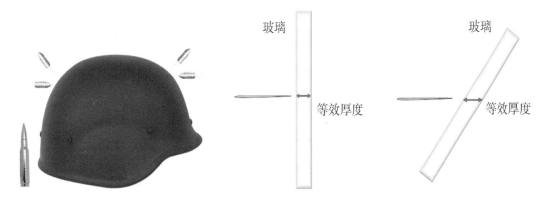

现在我们知道了钢针穿过玻璃的重要条件是：具有足够的速度和垂直的角度。

◆ 实践验证

　　我们要用自己的实际行动，挑战武术大师。当然我们不是练几年武功再来挑战，而是利用自己的知识，在短短的几天时间内设计制造某种装置，使发射出的钢针能打穿玻璃，甚至超越武术大师的水平。这有没有可能呢？

1. 自己设计发射装置

　　我们很快就动手做出了一个简单的装置，该装置是在弩的基础上改进的，用木板做主体，橡皮筋为动力，自行车辐条做撞针，发射管道是晾衣架的管子。当然它还有一些细节，如防撞缓冲软管、挡板（相当于扳机）、保险栓等。

　　该装置可以与相机的三脚架相连，因此发射过程中比较稳定；钢针在很细的管道中运动，可以保证钢针在空中不会翻滚；橡皮筋的根数可以根据需要增加，因此动力是可以保证的。发射时先把保险栓从挡板的孔中抽出，然后把挂钩向上一拨，橡皮筋就会把撞针向前拉，钢针因此发射出去。

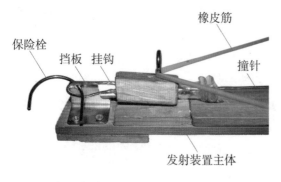

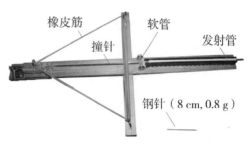

钢针（8 cm, 0.8 g）

2. 出现新问题

我们想象这次可以成功了，但是却发现还是不能实现飞针穿玻璃！测试时现场没有高速摄像机，不能看到钢针到底是如何翻滚的。不过有个办法：让钢针向纸张射击，看看在纸上留下什么痕迹。结果出乎我们意料，钢针基本上是横着飞过纸的。这么近的距离（约30 cm），从这么细的管子中射出的钢针，怎么会这样运动呢？

我们开始分析原因，只有找到了原因才知道如何改进。

经过分析，发现一个小细节：发射管道、撞针和钢针的半径各不相同，虽然看起来差不多。由于钢针与发射管道的尺寸不匹配，钢针在管道中可能边前进边晃荡，出了发射管后就可能翻滚了。所以要让它们的尺寸尽

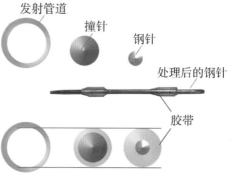

可能接近，可以在撞针和钢针上缠绕胶带以增加半径，同时把胶带削成流线型以减少阻力。

现在力度和角度都能保证了，看看钢针的威力吧。我们先用鸡蛋来做试验，在鸡蛋前面放了一块挡板以方便找到射出去的钢针。为了看出钢针击穿鸡蛋的效果，还在钢

针的后面穿上细线。通过试验，发现钢针很轻松地击穿了鸡蛋。

但是射玻璃时，仍然失败！

3. 意外的因素

经过仔细分析，发现钢针的针尖太尖了！如果把钢针的针尖磨平一点，就可以成功。

与一般人想象不同，针尖太尖了效果反而不好。针尖太尖了接触处的压强虽然大，但是针尖容易变形，变形会吸收能量，导致不能穿过玻璃，被反弹回来。这和汽车的保险杠正好相反：保险杠不能太硬，如果太硬，撞击后保险杠不变形，撞击的力就会传到驾驶员身上；但是保险杠也不能太软，太软起不到保护作用。所以，保险杠的软硬要合适，在碰撞时保险杠需要发生变形吸收能量。

4. 成功射击

把针尖磨平后，再用装置击穿玻璃就是很轻松的事情了。现在钢针的速度和角度都很容易控制，我们还知道了其中的奥秘。

下面是我们在玻璃上用钢针打出的不同小孔。最常见的是不规则的小孔（接近武术大师打出的效果），比较少见的是像雪花的裂纹。偶尔可以打出蝴蝶状的裂纹，有一次甚至打出直径接近 8 cm 的圆！

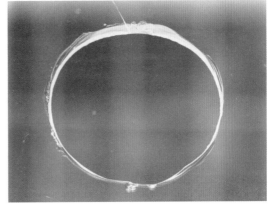

✍ 小结及点评

我们的直觉有时不一定可靠。例如，针尖不能太尖、速度在这个问题中很容易满足、钢针从细管中发射出来竟然会翻滚等，都出乎我们的意料。

善于设计方案解决问题，如通过钢针射击纸张来发现其翻滚等。

遇到问题要找出具体的原因，然后才能进行改进。例如，关于钢针的翻滚，可能是没有自转（见第一章内容"自旋一定稳定吗"），也可能是尺寸不匹配，或者是别的原因，不同的原因会使用不同的改进方案。

我们要善于利用知识解决问题，而不是让知识静静地躺在书本中。实践活动就是很好地运用知识的过程。

3. 神奇的平衡——如何利用摩擦自动完成任务

这是一个巧找平衡的挑战项目。你能否让纸币平整地立在桌面上，同时让硬币停留在纸币上至少保持 30 s？

这个游戏涉及平衡和重心的知识；但是想要成功，还和摩擦有关。更重要的是这个游戏涉及了解决问题的一种方法。

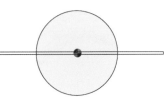

直接让硬币在竖直的纸币上平衡，的确很难！你可以小心翼翼地进行尝试，但每次几乎刚一松手硬币就会从纸币上掉下来。

从俯视的角度看，纸币很薄，硬币重心正好落在很窄的区域概率接近零。

◆ 技巧

这个游戏当然需要技巧，可以先把纸币微微弯曲一些后放在桌上，这样自然很容易就把硬币放在纸币上面了。

但是游戏要求纸

189

币是平整的，硬币放在微微弯曲的纸币上只是第一步，接下来怎么做呢？

双手捏着纸币两端，慢慢用力向两边把纸币拉平。奇迹发生了：硬币自己在纸币上微微移动调整位置，但是没有掉下来。等纸币完全平整后，硬币在纸币上停留 30 s 没有问题。

在拉伸纸币时，要小心地慢慢拉，多试几次，就很容易成功了。图片中小学生正在慢慢地拉伸纸币，可以看到最后硬币停留在拉直的纸币上了。

◆ 平衡与重心

平衡是指物体处于静止或匀速直线运动的状态。例如，鸡蛋相对桌面静止放置。

物体的各个部分都受到地球对它们的作用力，这些力的合力就是物体的重力，合力的作用点就是物体的重心。均匀的物体其重心就在物体的几何中心处；重心不一定在物体上，例如，圆环的重心在圆心处。

重心的特点是，当你在重心这一位置悬挂或支撑重物时，物体可以在任意位置保持静止（平衡）。利用这一特点，可以利用悬挂法找物体的重心：物体悬挂平衡时，重心一定在绳子的延长线上；两次延长线的交点位置就是重心位置。

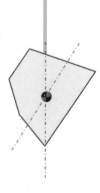

物体平衡时，重心要落在支撑点所围成的面积之内，且面积越大越容易稳定。有些老年人为什么要拄拐杖？如果老人腰不好，直不起来，这样重心就前移，可能落在双脚形成的支撑面外，身体不平衡；有了拐杖，相当于增加了支撑点和面积，人就容易平衡了。

◆ 利用摩擦找重心

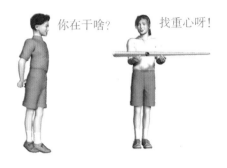

一根粗细不均的木棒，能否不用任何工具，找出它的重心位置？

可以用双手托住木棒，然后慢慢把双手靠拢，当双手接触时，重心就在双手的上方。

生活中许多常见的现象都涉及重心。设想一个男孩推车，推空车时很轻松，而买了很多东西后就推不动了。

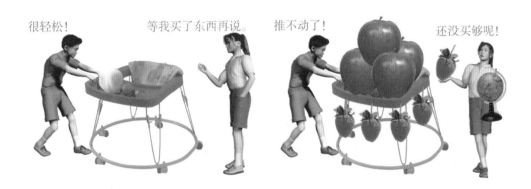

两人抬水时，如果水桶与两人的间距不等，两人的感觉也不相同。靠得近的人会觉得十分吃力，而靠得远的人会觉得很轻松。这一现象用力矩的平衡很容易分析，也很容易验证。

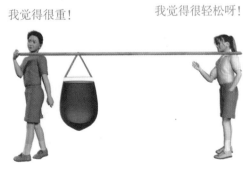

因此，由上面现象可以得出两点结论：

（1）物体越重，推起来越吃力。

（2）距离重心近的一方压力大。

以这些很容易理解的现象为基础，再来看自动找重心问题：木棒随意放在双手之上时，两手上的受力会不同。

靠近重心的手受力大，这和两人抬东西是一个道理。假设开始时左手距离重心近些，则左手上压力会大些。当双手靠近时，左手压力大与木棒保持静止（类似车很重推不动），右手压力小相对木棒运动（类似车很轻可以推动）。

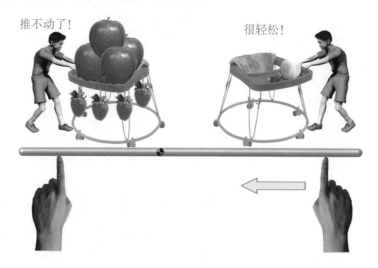

当双手与木棒的重心距离相等时，右手由于惯性继续运动，导致右手距离重心位置更近，从而右手上压力变大了。接下来又变成右手静止，左手相对木棒运动。

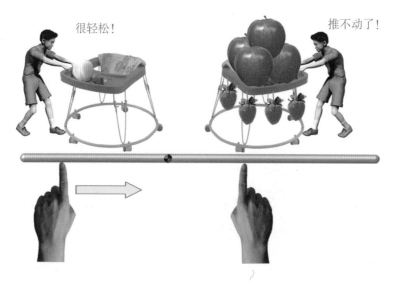

因此，在双手靠近的过程中，木棒在双手上轮流打滑（每次都是受力小的手打滑），最后双手合拢时，重心就在双手的上方。

如果理解了前面木棒找重心的问题，就可以类比硬币的平衡问题：把纸币弯曲的两边看作双手，把纸币张开的角度看作是双手的距离；当纸币的角度变化时，硬币受摩擦作用在两边纸币上交替运动；当纸币完全展开时，硬币的重心就正好落在纸币上。

小结及点评

充分理解平衡与摩擦的原理，利用自动找平衡点的方法，完成看起来不可能完成的任务。

利用科学原理，加上一些练习，就可以比较容易地完成很多困难的事情。这启发我们在处理问题时，要善于找出其中的科学原理，借助科学原理我们可以"事半功倍"。

在解释的过程中，并不需要太多高深的理论，只用生活中最常见的现象，如东西很多时推车就很费力、两人抬水由于距离不等而受力不同（可以解释为什么两个和尚抬水吃容易产生矛盾），就可以把一些问题说清楚。

这是中央电视台《异想天开》栏目中的一次节目，这一游戏也启发我们，对于一些现象，要学会用简单的方法进行解释。只有会解释了，才能够把其中的原理迁移到新的问题中。如果理解了双手相向移动能找出物体的重心，就容易想到把这一方法的原理应用到硬币平衡的问题中。

4. 无轮小车——如何验证猜测

车辆有轮子是大家熟知的，但是如果装置没有轮子，能否前进呢？

我们注意到所有的动物都没有轮子，蛇靠摆动身体前进，鱼靠摆动尾部前进。

另外，把手机设置为振动状态放在桌上，来电话时手机会在桌上微微振动起来，有时手机还会边振动边水平移动，老式手机移动的效果更明显，智能手机移动的效果就差些。

这暗示着：如果装置中存在某种运动，可能会导致装置整体前进。

我们需要探索上述现象的原理，同时设计制作一个没有轮子也能前进的装置来验证我们的猜测。

◆ 偏心转子的现象

拿出电池和偏心转子（手机靠它振动），把偏心转子的两根导线接在电池的两极，偏心转子会转动起来。用手捏着它，是否感觉有一个变化的力作用在手上？

实际上，偏心转子的惯性力绕着它的转轴在空间旋转。很多振动装置内部就有偏心转子。

在生产实践中，人们还利用惯性力的特点，特意设计了一种装置，如建筑工地上的蛤蟆夯，它有巨大的偏心转子，工作时装置跳起来后再砸下去，把待修整的地面砸平砸实。为了避免蛤蟆夯总是在同一位置反复砸地面，工人需要在它起跳时通过扶手施力控制前进的方向。

蛤蟆夯

◆ 初步尝试

可以做一个很小的道具来验证偏心转子的惯性力能否带动装置前进。装置很小巧，零部件包括纽扣电池、开关、偏心转子，以及连接偏心转子和电池、开关的框架。装置拼装起来后约拇指大小，其中底座的大头针是为了增加底面积，避免装置翻倒。

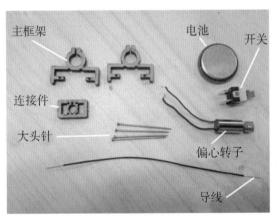
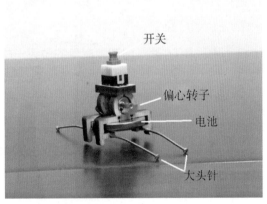

按下开关，装置中的偏心转子就会转动起来，想象中它会来回移动，也可能会跳起后来回振动，但实际上它却是蹦蹦跳跳的，几乎沿着一个大的圆周运动（圆周直径约有 0.5 m）。

看起来惯性力导致装置运动没有疑问了，但是运动的方式有点奇怪。

◆ 原理解释及验证

经过仔细观察和思考，装置中的大头针有必要专门拿出来分析：大头针的变形必须考虑，虽然它变形不那么明显，但正是由于其变形的存在，才导致了与想象不同的运动状态。

1. 实际装置的原理解释

先用简易装置来说明原理。装置包括车身、电池、开关和偏心转子，车身下面粘着毛刷（毛刷容易变形），注意毛刷与平板倾斜安装。你是否会好奇为什么毛刷的安装角度朝一个方向倾斜？

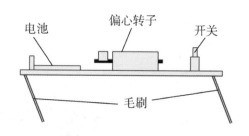

把电动机固定在车身上，当偏心转子旋转时，惯性力跟随转子转动。设 t_0 时刻车身在初始位置，当惯性力向下时，由于地面摩擦毛刷不打滑，但是毛刷受压产生变形，因此在 t_1 时刻车身的高度下降，同时还会向前运动 Δr（注意由于毛刷的安装角度，它容易发生图 A 所示这样的变形）。

当惯性力向上时，车身被抬起向上运动（这一阶段车身不前进也不后退），毛刷恢复变直，t_2 时刻车身整体向上运动到原来 t_0 时刻的高度。

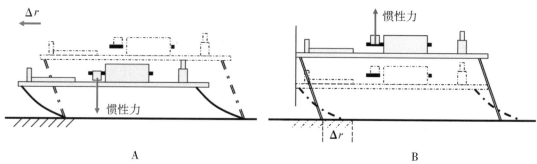

比较 t_0 和 t_2 两个时刻，车身的位置一样高，但是装置前进的距离为 Δr，即偏心转子每转一圈，车身前进一步。当然每一个 Δr 很小，甚至肉眼看不出来，但是手机中的偏心转子转速很高（达每分钟上万转），装置会快速运动起来，所以累计效果很明显。实际上装置每分钟约走 0.5 m，估算出每一步前进 0.05 mm。

根据这一解释，满足两个要点运动效果会更加明显：第一，毛刷的安装角度很重要，要使它在一个方向容易变形，在其他方向不容易变形；第二，偏心转子的惯性力要足够大，能够抬起装置使毛刷恢复变形（这意味着装置重量不能太大，从而解释了老式手机较轻，容易运动，而智能手机比较重，运动不明显）。

也许有人会有疑问：惯性力在空间旋转，前面的分析只画出了向下和向上的方向，当惯性力向左、向右时，装置会蛇行运动吗（前进时左右摆动）？答案是不会有明显的蛇形运动，原因是：

（1）地面的摩擦力会阻止装置左右运动。

（2）高频小幅度的左右运动肉眼难以看出来，也会相互抵消。

总体来说，毛刷安装角度是一个重要因素，它保证了整体只能朝一个方向运动而不是往复运动。当然，车身跳起来在空中时由于动量矩定理，车身会反向转动，导致车身倾斜着地，左右两侧毛刷上的摩擦力不同，容易产生偏转（这解释了前面蹦蹦跳跳的装置会按一个大圆周运动）。

2. 验证

在此解释的基础上，为增加趣味性，作者设计、制作了一个类似小老虎的装置，根据前面的原理分析，它靠振动、摩擦、变形而运动。装置的所有结构部件，均在实验室用激光切割出来。

为了证实前面的原理解释是合理的，在设计时让装置的前腿可以旋转（绕老虎头部竖直轴旋转），因此分为两种情况：前后腿倾斜方向一致如装置一，倾斜方向不一致如装置二，然后预测装置会如何运动。

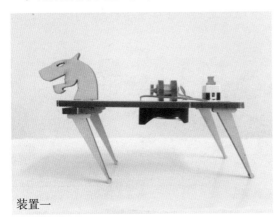
装置一

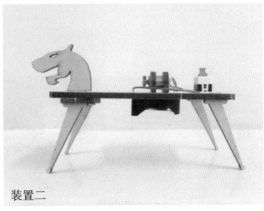
装置二

在前后腿倾斜方向一致的情况下，预测该装置会向前走。不过它通常不会走直线而是走一个大圆弧，通过微微调整前腿的角度，可以让其走直线。

在前后腿倾斜方向不一致的情况下，预测该装置基本上是在原地做圆周运动。根据前面的原理解释，前后腿对称，车身跳起及下降时不会产生向前运动的 Δr，而跳起来后由于动量矩守恒而偏转，所以整体会旋转起来。

通过控制装置前腿的偏转角度，可以让该装置向左转、向右转、走直线。这些预测都成功实现了。学生看到这个装置的不同运动模式，感到十分惊讶。这一装置还曾经成为清华大学学生的力学竞赛题，让学生用所学知识解释这一现象。很多学生会做理论习题，但对解决这种理论联系实际的问题也会感到困难。

◆ 实际体验

前些年北京市鼓励中学生进入大学实验室进行科研，于是某中学的一些学生来到作者的创客实验室，进行为期几周的学习（每周来一次，约 2 小时）。

在活动过程中，学生要学习软件、操作激光切割机、讨论方案、完成设计、加工、拼装，最后进行交流展示，并进行比赛。下面是这一过程的照片。

学生到了清华大学后，作者首先给他们举办了一个讲座，介绍创客、STEM（科学、技术、工程和数学）教育、数字化设计及制作的基本方法；让学生了解激光切割机的操作过程。

学生分组讨论设计方案；然后使用 AutoCAD 软件自主进行设计，并画出装置各部件的零件图。

学生看到自己设计的零件用激光进行加工，速度之快，引发他们极大兴趣；有了加工零件，可进行拼装、测试，发现问题可以马上重新设计加工。

在作者的实验室，发现问题可以及时反馈修改，这与传统教育就有明显不同，能让学生在短时间内经历从设想到做出实物的过程，并把学过的知识充分运用起来解决实际问题。

很快各组学生完成了制作并进行展示。可以看到大家的作品都是不同的，很有创意。

最后进行多种比赛，可以比速度、比走得直、比转得快、比力气大，等等。

✍ 小结及点评

　　一般来说，理论对实际问题有指导作用，但是在某些情况下，实际问题中可能有一些不容易察觉的细微因素会颠覆理论的结果。这里不是说理论有问题，而是说实际问题在简化成模型时，有些重要因素可能被人为忽略了，导致理论与实际存在差异。

　　这里用小巧的模型对一些理论分析或解释进行验证，是一种处理复杂问题的有效方法。

　　通过这个模型，可以体会到实际情况比纯理论分析要复杂很多。给出的解释只是理论上的解释或猜测，只有通过实践的检验才能知道是否合理。

　　无轮小车的要点是同时考虑转子的惯性力和腿的变形，当然装置中腿的长度、倾斜角度、重心位置都影响其运动，但是起决定作用的因素是腿的变形，而这又难以用肉眼看到，所以会让很多学生感到奇怪。

5. 寻找四叶草——如何自己创造幸福

这是给小学生上的一次探究课程，同样的内容也在清华大学附属中学给中学生们介绍过，当然侧重点不同。小学生重点要求学会观察，通过实践尝试解决问题；中学生重点要求利用数学和物理知识（稍微复杂些），分析装置的存在性及可能的结构。本次重点从小学生角度进行探讨。

◆ 问题的引入

先看看一串数，你发现这串数有什么规律？

1，1，2，3，5，8，13，21，34，55，89，144，233，…

从第三项开始，每一项都是前两项之和，这是著名的斐波纳奇数列（Leonard Fibonacci，约1170—约1240，意大利）。斐波纳奇在研究兔子繁殖问题时，发现理想情况下兔子的数量按这一规律增加。

在这串数列中，还隐藏着一个数：试试从第三项开始，计算前一项与后一项的比值，看看能发现什么规律？

…，34/55 ≈ 0.618，…，144/233 ≈ 0.618，…

大家发现了什么？ 0.618 是黄金分割值。

黄金分割（golden section）是一种数学上的比例关系。公元前 6 世纪古希腊的毕达哥拉斯学派研究过正五边形和正十边形的作图，因此现代数学家们推断当时毕达哥拉斯学派已经触及甚至掌握了黄金分割。公元前 4 世纪，数学家欧多克索斯（Eudoxus，约前 400—约前 347，古希腊）第一

个系统地研究了这一问题，并建立起比例理论。

黄金分割具有严格的比例性，同时具有艺术性、和谐性，蕴藏着丰富的美学价值。人们发现当长方形的短边与长边之比为 0.618 时，看上去比较"舒服"，并且把这一观点引入艺术和建筑中。

1. 植物生长中有趣的现象

很多植物在漫长的进化中不断优化，也会在不经意间反映出黄金分割值。例如，三叶草叶子之间的夹角是 137.5° 和 222.5°，其比值就是 0.618。

另外，很多植物的叶子或花瓣通常是 3、5、8、13 等数目。人类在国际空间站中培育出的第一株在外太空开放的花朵（百日菊），可以看出它有 13 个花瓣。这些数字背后也隐藏了黄金分割值。

2. 童话故事

也许你听说过寻找幸运草的童话故事——找到四叶草就会很幸运。故事中四叶草的四瓣叶子分别表示真爱（love）、健康（health）、名誉（glory）和财富（riches）。

童话故事中为什么不说寻找三叶草呢？有调查表明，自然界中三叶草很容易找到，而四叶草极其罕见。通常认为三叶草比四叶草有生长优势：四叶草的叶子有很多重叠，造成资源浪费；三叶草叶子几乎没有重叠——也许最初三叶草与四叶草都很多，但是长期的进

化逐渐淘汰了更耗"资源"的四叶草。

既然幸福很难寻找到，为什么我们不自己创造呢？我们的目标，就是设计出一种简单的装置，可以画出四片花瓣。

我们不像美术课那样在纸上画出四叶草。这里是用四叶草引出形状很接近的四叶玫瑰线，四叶玫瑰线的每瓣最大尺寸为 a。

◆ 探究及理论分析

对于小学生，要求其注重观察、思考，同时还要动手实践，尝试做出装置。

1. 联想

首先一个问题是：类似用圆规画圆，四叶玫瑰线能否用简单的装置精确地画出来？

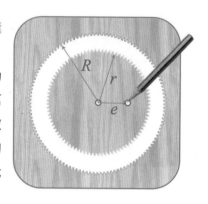

也许有人想起以前玩过的画图玩具，大齿轮半径为 R，小齿轮半径为 r，孔在小齿轮上，与小齿轮圆心距离为 e。笔放在小齿轮孔中，小齿轮圆心绕大齿轮圆心做圆周运动，可以画出不同的曲线。下面是用不同半径的小齿轮、不同的孔组合画出来的，虽然这些曲线不是我们需要的，但是给了我们信心和启示。

2. 尝试

学生们信心满满，就开始制作装置来画图。齿轮不好做，就用泡沫板或木板做圆轮，进行尝试。

很快学生们就做出了装置，然而得到的结果令他们大吃一惊：画出的不是四叶草。这表明在童话中寻找四叶草不容易，在实际操作中要画出四叶玫瑰线也不容易，这暗示了"幸福"的生活总是来之不易的。

看来，完全凭感觉是不行的。学生们开始观察研究四叶玫瑰线的特点：曲线会过大圆的圆心（孔与小圆圆心会重合），因此要满足 $r+e=R$ 的关系；四叶玫瑰线的每瓣长度为 a，满足另一个关系式 $R-a=r-e$。两个方程解不出三个参数，但是通过尝试可以找到全部的解。

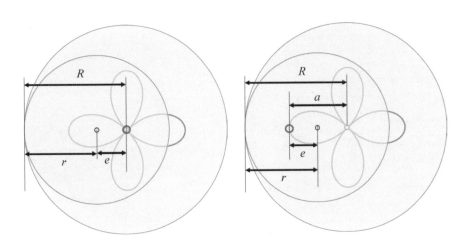

最后学生们通过尝试并做出装置，可以画出完美的四叶玫瑰线。

✎ 小结及点评

与传统教学以传授知识为主不同，这里更多是让学生把知识融会贯通，解决实际问题。虽然也会涉及一些知识，但更主要的是如何运用知识解决实际问题，让学生有机会把纯理论的知识与生动活泼的实践活动相结合。

当学生看到画出三叶草、五叶草甚至形状很复杂的曲线，感到在童话故事中寻找"幸福"不容易，在实际操作中也不容易。

学生们在实际操作中体会了寻找四叶草的含义，也体会到理论对实践的指导作用。最关键的是，将寻找"幸福"转变为自己创造"幸福"，并最终解决问题，富有启发意义。

6. 手机吊冰箱——如何把力放大 10 万倍

发明创造需要与众不同的创意想法。

如果问如何把力放大，绝大部分人会想到利用杠杆、滑轮组。是否还有其他方法？在"弹簧秤称大象"中，大家展示了很多不同的方法，但是下面的问题又有新的特点。

出于启发学生的目的，作者曾经带领学生做过一个试验，用手机提供的动力吊起了重达 60 kg 的冰箱。当年在网上引起了轰动，很多人都不相信这是真的，很多电视台和媒体都进行了拍摄和采访。照片是当时实验的场景，地点是清华大学的一个力学实验室。

利用手机的电池和转子，再设计一些连接装置，真能把一台 60 kg 的冰箱吊起来吗？

◆ 手机中的转子

首先很多人会怀疑：手机吊冰箱的动力够吗？如何把力放大?

吊起冰箱的动力来自手机里面的小转子，为此还要取下转子上的偏心质量块。

手机中转子的力量有多大呢？我们做了试验，如果不进行改造，手机转子只能吊起一根吸管，连一把小钥匙都吊不起来。

估计吸管质量为 1 g，冰箱质量有 60 kg，两者有巨大的差异。不过有了微小的动力，利用杠杆原理，就可以把力放大。考虑一些损耗，我们希望把力放大 10 万倍。

◆ 力的放大原理

利用杠杆原理可以把力放大。阿基米德（Archimedes，前 287—前 212，古希腊）曾经说过："给我一个支点，我就能撬动整个地球。"

但是手机吊冰箱也要做巨大（长）的杠杆？这里特别强调：不是直接用杠杆，而是用杠杆原理。如果做杠杆，尺寸会特别巨大，就算短边是 1 cm（再短无法挂冰箱了），长边就要有 100 000 cm（1 000 m），实际中做不出这样尺寸的杠杆。

因此要从杠杆原理着手，杠杆原理的本质是：两边的力与距离的乘积相等，相当于功相等。把这个公式两边除以时间：两边的力与移动速度的乘积相等，相当于功率相等。

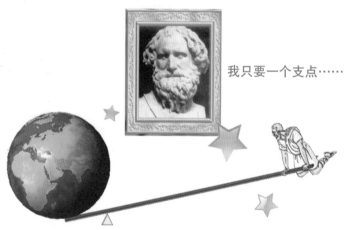

我只要一个支点……

因此当装置的功率一定时，降低速度就会增加力。大家是否注意到：汽车上坡时为什么要挂低挡减速？这是由于汽车的功率基本不变，通过降低速度可以提高驱动力。因此，我们根据杠杆原理而不是直接用杠杆，选择了利用齿轮系统减速从而把力放大。

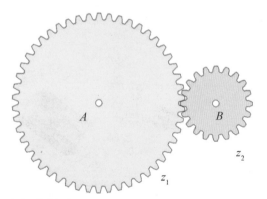

假设有齿轮 A（齿数 $z_1=40$）和 B（齿数 $z_2=20$），两个齿轮在转动时各齿一一对应，齿轮 B 转 20 个齿时（一圈），齿轮 A 也会转 20 个齿（半圈），因此齿轮 A 半径大就转得慢，齿轮 B 半径小就转动得快。具体齿轮 B 的转动速度是齿轮 A 的 2 倍，

根据功率关系，小齿轮带动大齿轮省力。

因此，问题的关键就是要有半径比达到 10 万倍的齿轮进行减速。如果齿轮 B 半径为 1 cm，那齿轮 A 半径就是 1 km，这不可能。

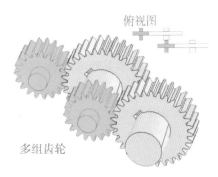

俯视图

多组齿轮

但是齿轮与杠杆相比有个优势，用很多齿轮串起来，就可以用很小的空间把力放大很多倍。多组齿轮串在一起，放大倍数要用乘法。玩具电动机里面有很多齿轮组，合在一起能放大 100 倍。如果电动机的转速是每分钟 10 000 转，通过这些齿轮后，转速只有每分钟 100 转。因此通常把这些齿轮系统称为减速器。

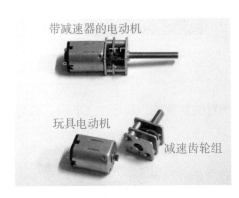

带减速器的电动机

玩具电动机

减速齿轮组

10 万倍的减速器买不到，一般工业齿轮中的减速器最多为 100 倍。我们只能东拼西凑，自己设计了连接部件并用车床加工，最终把工业减速器和玩具减速器接在一起，做出了 10 万倍的超级减速器。

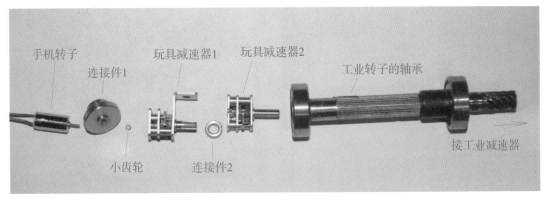

手机转子 连接件1 玩具减速器1 玩具减速器2 工业转子的轴承 接工业减速器 小齿轮 连接件2

◆ 手机吊冰箱的过程

我们把冰箱放在台秤上，可以显示冰箱的重量，很直观。

冰箱用绳子绑着放在台秤上，通过悬挂的定滑轮与工业减速器的轴相连。手机启动后开始吊冰箱，可以看到台秤的读数在明显变化，历时约 1 小时，台秤的读数变为零，这时冰箱悬在空中，手机仍然在转动，冰箱仍然在慢慢上升。学生们推动冰箱晃了起来，证明冰箱已

经悬空。实验结束后，手机可以复原接着使用。

整个实验的装置很小（不超过 30 cm），就能吊起冰箱，很多人都不相信，特别是有熟悉汽车减速箱的人，对它的尺寸有大概的了解，更是不相信。

在手机吊冰箱的问题中，难点就是：面对所有的齿轮，如何把它们连接起来成为一个整体？可能有很多方法，如用胶水粘、用焊锡焊等。但是手机转子的轴特别细，粘的面积太小，胶水粘不牢固。而如果用焊锡，会发现手机转子的轴经过抛光处理，焊锡根本附着不上去。就算粘上了、焊上了，手机转了与玩具减速器的轴是否对准也没有保证。最终我们选择自己加工连接部件，把它们连接起来。

后来中央电视台、北京电视台、湖南卫视等来到作者的实验室，现场拍了节目，有导演亲眼看了实验的全过程，感慨地说：科技真伟大。

◆ 中学生的挑战

当时某中学正准备举办科技节，作者给他们设计了活动主题："支点的想象——在手机和玩具中寻找灵感"。让学生们挑战极限：第一组用玩具电动机把人吊起来，第二组以仓鼠为动力吊起杠铃片，第三组用遥控小车吊起摩托车，最后一组则要挑战用手机吊冰箱。

第一组学生们设计了一套装置，用 7 节电池带动玩具电动机，然后通过减速器让轴缓慢地转动。

看局部放大图就会发现，玩具电动机是用橡皮筋绑在钉子上的，而玩具减速器与工业减速器则通过橡皮塞来连接。这是很聪明的想法，如果把电动机完全固定，稍微有一点偏心就不能转动了。但是采用弹性连接，即使有一点偏心也可以转动，只是会损失一些能量。

他们把钢丝连在转轴上，通过铁架上的两个定滑轮与座椅相连。作者当时还客串主持人采访了被吊起的学生。

第二组学生利用仓鼠为动力吊起杠铃片。问题是仓鼠不太听话，同学们想出了一些办法让它跑，如学猫叫、用水蒸气熏、用食物引诱，等等。但是仓鼠一会儿顺着跑，一会儿逆着跑。学生们设计了一个小钩子，可以防止笼子倒着转。

他们遇到的难题是：鼠笼如何与减速器相连。鼠笼总是晃晃悠悠的，损失了很多能量。比赛时仓鼠又不听指挥，没有持续地朝一个方向奔跑，结果没能吊起重物。

第三组学生让遥控小车在圆形的跑道中运动，然后带动减速器转动，吊起摩托车。

他们遇到的难题是：电池太重，摩托车不容易带动。后来他们想出了一个好办法：把电池绑在转动的横杆上，通过电线与摩托车相连。

这组试验没有什么悬念，学生们很快就把摩托车吊了起来。

前面几组学生都是要把力放大，因此关键是看放大倍数。装置放大倍数都不大，且动力都很充足，所以难度倒不是太大。当放大倍数大到一定的程度且动力很小时，难度就大了。

手机吊冰箱的那组学生失败了。作者给学生们提供了部分材料和原理说明，但最后他们还是在细节上卡住了，具体原因是：学生们想研究工业减速器的原理，就把它拆开了，却不小心在机油里混入了铜丝和木屑，这样再组装回去后转动就不灵活了。虽然反复清洗，但直到比赛时也没有解决这个问题。

真是功亏一篑啊！学生们通过这次活动，明白了科学和技术来不得半点差错和侥幸。看起来很容易的事情，做起来才发现不容易！

✎ 小结及点评

理解科学原理的实质，不被字面含义所限制。例如，杠杆原理不一定用杠杆，也可以用滑轮、齿轮等。

在解决问题时，可能需要自己设计、制作一部分部件，这样才是独特的。例如，我们自己设计加工了特殊连接件。

手机吊冰箱成功演示后，受到了广泛的关注。其中包含了一些对比强烈的元素，例如，手机和冰箱的尺寸、质量悬殊，这样就容易有显示度。

学生们挑战手机吊冰箱失败了，再次说明：科学与技术不同，科学原理可以很简单，但是技术实现起来可能会有很多困难，技术需要动手能力，同时还需要经验积累。

7. 复原欹器—— 孔子的中庸之道如何体现

如何把专业知识与创意实践、人文教育融合，作者在清华的创意实践课程中进行了多次尝试。这里以复原孔子时代的欹器为例，介绍定性分析的过程，以及经过定量计算后，设计制作出欹器的模型。下面内容是清华大学生暑期实践中的一个创新实践项目。

◆ 背景介绍

漫画家丁聪曾以"想起了欹器"为题画了一幅漫画，并介绍说：中国古代有一种欹器，水装得过满，便会倾斜。古人置之座右，以为借鉴。可惜这种"欹器"今天已经失传。

《孔子家语》中记载，孔子观于鲁桓公之庙，有欹器焉。孔子问于守庙者曰，此谓何器？对曰，此盖为宥坐之器。孔子曰：吾闻宥坐之器，虚则欹，中则正，满则覆。明君以为至诫，故常置之于坐侧。顾谓弟子曰：试注水焉。乃注之。水中则正，满则覆。天子喟然叹曰：呜呼！夫物恶有满而不覆哉？

首先把欹器的特点"虚则欹，中则正，满则覆"翻译成力学的语言，就是：欹器空时在倾斜状态平衡，且平衡是稳定的；加入一半水时在直立状态平衡，平衡也是稳定的；加满水时在直立状态平衡，但平衡是不稳定的，因此会倒下；水流出后回到开始状态。

挑战问题：我们能否通过力学分析，对欹器有更多的了解，并最终复原它？从"座右铭"的角度出发，下面假设欹器是放置于桌面上的。

◆ 原理分析

欹器已经失传近千年，不清楚其形状，但是经过定性分析，再利用计算机计算，可以做出一个在桌面上演示的模型，涉及表面形状、重心位置、平衡、稳定等因素，且各因素耦合影响，比较复杂。下面是部分定性分析与定量计算的内容。

1. 关于外形的定性分析

根据直观感觉，欹器底部不能是平的碗底（这样角度就不会变化），而应该是某种曲线。

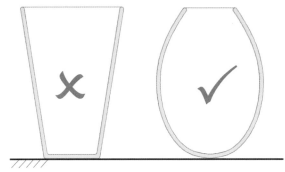

2. 关于重心的定性分析

设想一个均质圆柱形容器，空的时候重心大致在中心位置，加水后整体重心会下降，加满水后重心又回到中心位置。

因此得出一个重要的结论：向欹器中加水时，重心位置会变化，虽然具体变化规律与形状有关，但重心位置总体变化趋势是先下降再上升。

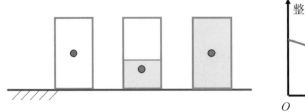
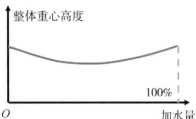

3. 关于平衡与稳定的定性分析

由于欹器底部是某种曲线，通常至少对应两个平衡位置：直立及躺倒，类似图片中的鸡蛋。

但另外一种情况，如果重心特别低，就只有一个平衡位置，如不倒翁。

欹器底部区域可以用一个半径为 r 的球代

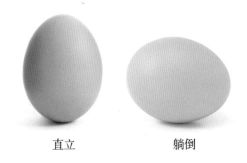

直立　　　　　　躺倒

替，直观上可以知道：如果重心 C 在圆心 O 的下方，就可以像不倒翁一样直立平衡；如果重心 C 在圆心 O 上方就会倾斜平衡。

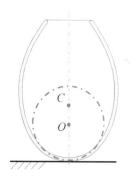

　　因此，初始时敧器的重心 C 应该在圆心 O 点上方；加一些水后重心下降，应该低于 O 点从而直立起来；加满水后重心应该上升回到 O 点从而倒下。这就是定性分析的威力：在不知道具体形式的情况下，分析出大量有价值的结论，为后续制作提供理论依据。

4. 稳定性分析

从几何力学角度可以直观看出：重心要在圆心的下方才稳定。

敧器外表上各点有不同的曲率半径。在不同的接触点，可以把接触点附近的微小曲线

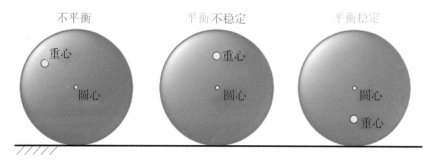

用一个圆来等效，从而直观上根据重心与圆心的位置来判断稳定性。

5. 综合关系

（1）敧器空的时候，重心较高，因此在倾斜状态平衡。

（2）当注入水后，重心高度下降，敧器逐渐直立起来。

（3）当注入水超过一半时，重心 C 在圆心 O 下方，底部平衡稳定。

（4）注满水时，重心 C 上升到了圆心 O 点，底部平衡变得不稳定从而倒下。

这些关系可以在下面的示意图中集中反映出来。

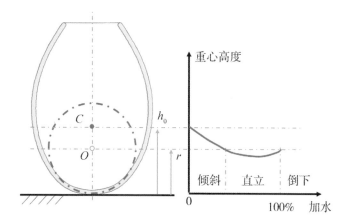

◆ 设计制作

有了以上的定性分析，其原理就清楚了，可以进行定量分析。

下面是学生讨论、设计、制作欹器的过程。如果没有理论分析和数学计算，就无从动手制作。

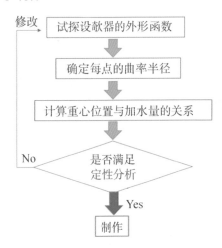

可以用钢珠代替水，这样方便演示及收拾处理。最后的装置演示效果很好，达到了欹器描述的状态。

✎ 小结及点评

欹器设计中所用到的理论知识，到大学你会学到。比如，不知其外形，就设为任意函数，利用欹器要满足的受力平衡、稳定、重心变化等关系，可列出方程，大大限制这个外形函数；再由数学知识，就可确定出具体的函数形式。在这每一步单独的过程中，工科的学生可能都做过许多练习。基于这一事实，可以认为：创造性的思维并不是凭空产生的，它可分解为一系列的过程，每一个过程可能都很简单。每个学生都具备潜在的创造性，关键是如何重组这些简单的过程。

可以从不同的角度看待欹器的分析、设计及制作。

从历史角度，涉及孔子及其"中庸之道"；从教育角度，涉及"满招损，谦受益"；从实践角度，涉及分析、设计、制作、调试；从力学角度，涉及平衡、稳定、重心。

古人把欹器"满则覆"作为借鉴，告诫自己执中持衡，孔子也用它教育学生。这样既介绍了中国古代的力学成就，又对学生进行了潜移默化的教育。

作者用透明的亚克力材料做了一个欹器，看起来更为直观。

一开始它是倾斜的

加了部分钢珠后倾斜角度减小

加多些钢珠后直立起来

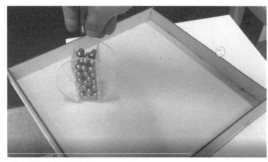

相当于不倒翁，加满钢珠前总是直立

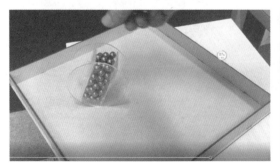

加满钢珠后开始倾倒

最终钢珠全部撒出，恢复到开始时的倾斜状态

希望大家能从欹器位置的变化过程中更深刻地理解"满招损，谦受益"。

8. 小鸭下山——如何让不倒翁行走起来

如何才能有创意？完全凭空而来的创意当然有，但是很难进行传授。更多的情况是在已有的现象或物品基础上，做一些改进（见第三章内容"发明创造有哪些方法"），就能得到新的现象或新的作品。经过一定的训练，慢慢积累，就会形成一种有效解决问题的方法。

下面是作者给小学生上的一次探究课，先让学生观察做好的小鸭模型，它可以一步一步从倾斜的木板上走下来，作者称为"小鸭下山"。学生们特别好奇。

然后给学生们发材料，要求他们自己拼装、调试，让小鸭模型能走起来，比赛时走一步得一分。

◆ **小学生的拼装及调节**

这个小鸭模型很有特点，结构很简单，内部也没有任何机关。作者事先做过分析计算，所以做好后就可以行走起来。但是给学生的是半成品，拼好后是不倒翁，不能行走。学生要在实践中进行测试，在认为适当的地方（小鸭身上预留了很多小孔）增加螺丝螺母为配重，同时腿的长短也需要调整，然后小鸭才能行走。

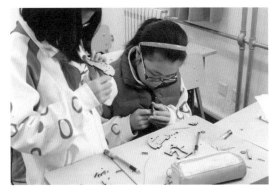 

总之，这个小鸭对于小学生来说是一个"黑箱"，需要在调试过程中慢慢找出一些规律，最终实现行走。

下面是另一批小学生，他们自己用泡沫板设计、制作了小鸭，并进行测试。

◆ 小鸭下山的原理

如果小鸭不加腿，就是不倒翁。增加腿之后，通过观察，腿的转动轴不在身体的圆心处，当腿转动时，在中间位置可以接触地面，而在两侧位置不会接触地面。

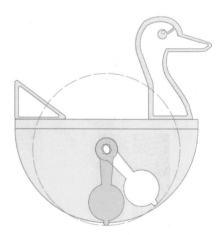

小鸭在斜面上运动，当腿与斜面碰撞时，小鸭身体可能会跳起，这时小鸭身体悬空，由于惯性继续向前运动。为了让小鸭能持续走起来，要专门考虑斜面角度，使得小鸭重心下降带来的动能增加量正好抵消碰撞时的能量损失。

小鸭在斜面上行走时，每一步可以分为 5 个环节：

（1）身体底部（圆盘）在斜面上运动，腿（直杆）未接触斜面如状态 Ⅰ。

（2）腿接触斜面，发生碰撞如状态 Ⅱ。

（3）以腿为支撑，身体悬空运动如状态 Ⅲ。

（4）身体落地，发生碰撞如状态Ⅳ。

（5）身体接触斜面，腿摆动起来离开斜面如状态Ⅴ。然后返回状态Ⅰ。

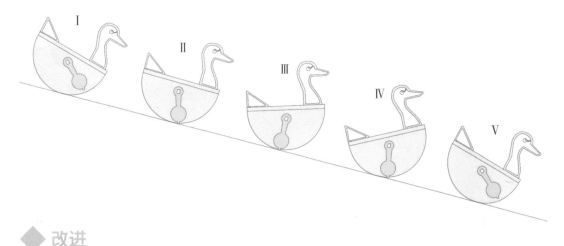

◆ 改进

　　后来作者用模型小人作为配重，在鸭子背上安装三个座位。模型小人坐在合适的座位上，小鸭就可以一步一步走起来；而坐在不合适的座位上，就是不倒翁，即只摆动但走不了。

　　中央电视台一位导演看到这些小装置，感到很有意思，就让作者放大作为节目道具。

 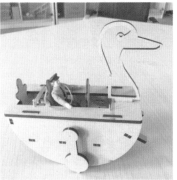 

　　下面是大鸭在工厂加工的照片，它有3 m长，2 m高，背上有3个椅子，人可以坐进去。工厂按提供的图纸，很快就加工好了，用沙袋模拟真人进行了测试，效果很好。

　　大鸭做好后，涂上油漆，成为中央电视台《加油！向未来》节目的道具。撒贝宁主持

节目时，要求选手猜测人坐在哪个座位上，鸭子可以一步一步走下来。

选手选择好后，亲自上去体验。如果坐的座位不正确，就是不倒翁，大鸭在斜面上摆动；如果坐在正确的座位，大鸭就可以一步一步从斜面上走下来。大鸭行走过程中选手吓得大声尖叫，感觉比坐过山车还刺激。

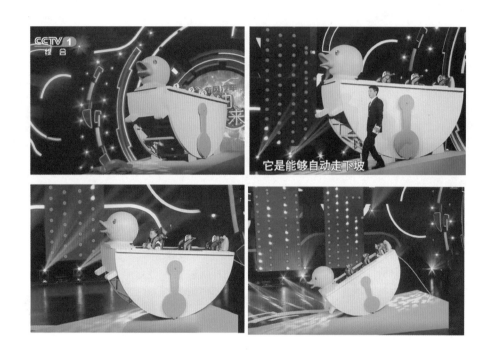

小结及点评

小鸭要同时满足重心位置、腿的长短、斜面角度和摩擦的某些关系，才能行走。但是这些关系很复杂，即使是大学生也很难说清楚。因此这可以称为一个"黑箱"系统，值得你去探索。

对生活中很多问题或现象背后的科学原理不清楚时，就可以将其看作一个"黑箱"，此时只能看到外部的现象，科学家们从这些外部现象中寻找规律，最后搞清楚系统内部的科学原理。

这里要求学生们像科学家一样处理问题，当然问题相对容易一些。这次课就是要小学生调整配重、斜面角度、腿的长短等参数，根据小鸭表现出来的结果，反向猜测这些参数合理的范围。让学生从小学会观察、提出猜测，在验证过程中进行反馈修改，最终达到解决问题的目的。这一模式与传统教育明显不同，有利于开发学生的潜力，提升解决实际问题的能力。

9. 记里鼓车——古代如何计算里程

城市有很多出租车，它可以自动计算行驶的路程。你是否好奇古代是如何计算路程的？

记里鼓车是中国古代用于计算道路里程的车，由"记道车"发展而来。有关记道车的文字记载最早见于汉代刘歆的《西京杂记》："汉朝舆驾祠甘泉汾阴……记道车，驾四，中道。"可见在西汉时期，已有了这种可以计算道路里程的车。后来因为加了打鼓装置，每走一里路打一下鼓，故名"记里鼓车"。 记里鼓车和指南车，都代表了中国古代科技和工艺水平，表明古人对齿轮传动问题有很好的认识。

下面是汉代记里鼓车的示意图，分上下两层。新中国于 1953 年发行的"伟大的祖国"系列邮票中，显示了晋代记里鼓车的式样。

◆ **记里鼓车的原理**

记里鼓车的原理很简单：设想车辆前进，车轮在地面上滚过的一段距离，车轮转动时带动内部的齿轮运动，使得走过特定距离时内部某一齿轮正好转动一圈，齿轮轴上的拨杆拨动垂杆，而垂杆上绳子与车上木人手部相连敲鼓。

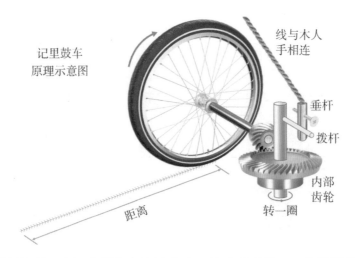

记里鼓车
原理示意图

线与木人
手相连

垂杆

拨杆

距离

内部
齿轮

转一圈

当然这只是原理，实际中要考虑齿轮大小、传动关系等，可能需要很多齿轮。

◆ 不同形式的记里鼓车

具体齿轮可以采用不同的形式，汉代的记里鼓车使用齿轮与齿轮啮合，古希腊也有类似记里鼓车的装置，采用齿轮与蜗杆啮合。

1. 中国古代的记里鼓车

从网上可以查到宋代记里鼓车的结构图，里面就有很多齿轮。母齿轮固接于左车轮，并与传动轮相啮合。铜旋风轮与传动轮装在同一竖轴 A 之上，并与下平轮相啮合。小平轮与下平轮装在同一竖轴 B 之上，并与上平轮相啮合。

母齿轮齿数为 18，而传动轮齿数为 54。铜旋风轮的齿数为 3，而下平轮的齿数为 100。小平轮齿数为 10，而上平轮齿数为 100。

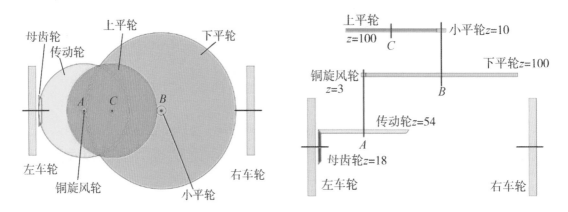

车轮的周长为 1 丈 8 尺，车轮转一圈则车行 1 丈 8 尺，古时以 6 尺为一步，则车轮

转一圈车行 3 步。车行一里（300 步）车轮和母齿轮都转 100 圈，传动轮和铜旋风轮才转 100/3 圈，下平轮和小平轮才转 1 圈，而上平轮才转 1/10 圈。也就是说，行车一里，竖轴 B 才转一圈；行车十里，竖轴 C 才转一圈。而在这两个竖轴上，还各附装一个拨杆。因此行车一里，竖轴 B 上的拨杆便拨动上层木偶击鼓一次；行车十里，竖轴 C 上的另一拨杆便拨动下层木偶击鼓一次。

2. 古希腊的"记里鼓车"

古希腊也有类似记里鼓车的装置。根据记载，公元 1 世纪希罗（Hero of Alexandria，10—70，古希腊）设计了一套里程车（odometer），该装置中有一组齿轮和蜗杆，可以通过记录车轮的转数直接测出车子运行的里程。车上三个圆盘可将车子行驶的里程记录下来，不同圆盘上方原来是装豆子的容器，圆盘每转一圈小孔对上时会落下一颗豆子。假如圆盘 A、B、C 分别对应 100 m、1 km 和 10 km，开始

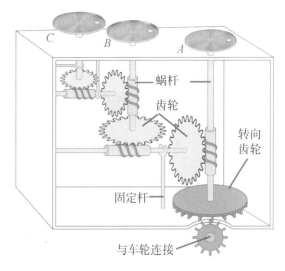

时清空下面的豆子，行驶时如果 A 盘落下 5 颗豆子、B 盘落下 3 颗豆子、C 盘落下 2 颗豆子，则表示走了 23.5 km。如果想简单点，就只让一个 B 盘落下豆子。

◆ 简化版记里鼓车的设计制作过程

作者刚入职时，清华理论力学教研室有一些教具，其中一个箱子中全是损坏的教具，开始不知道是什么，后来经过琢磨，发现是混在一起的指南车、记里鼓车部件，有很多小

零件已破损。作者进行了修理，大体上拼了起来，但是不能进行演示，后来发现是内部的齿轮破损、变形，匹配不太好，而连接绳子的轴已经生锈，阻力又特别大。另外，铜旋风轮只有 3 个齿，是用 3 根铁轴粘在木轴上当齿轮，转动时这里作用力大，容易损坏。总之，在当时的条件下只能把外观拼好，不能进行实际演示。

近年来随着创客运动的发展，加工的条件改善了，作者想自己做一个用于教学演示的记里鼓车，为了演示方便，设计走 1 m 就敲一下。

首先利用轮系传动的相关知识，简化了设计。作者利用自己开发的创客实验室软硬件平台，可以很快设计出零部件，包括齿轮等，并且可以用激光在平面木板上切出来。这里显示了其中的齿轮示意图，其中 A 既是车轮又是齿轮，B 与 A 配合实现转动方向的改变，C 和 D 配合减速。

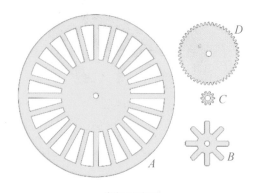

齿轮示意图

下面是拼装过程中的部分实物照片。为了美观，从网上买来了小木人和小腰鼓，装配好后稍微调整，记里鼓车可以进行演示，作为教具效果很好。

拼好的车轮

车身内部的 B 齿轮用于改变转动方向

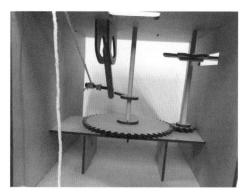

测试拨杆拉动绳子

把木人安装在车上

为了美观做一个立体的龙头

完成的整车

◆ 小结及点评

作者在清华开设的创意实践课程，目的是给学生提供实践的机会。本书的主题是创造力培养，创造力不仅是思维方面的能力，也包括实践方面的能力。

要培养动手能力，可分两个步骤实现：

第一步，给学生提供完备的工具和材料，让学生解决具体问题，比如让学生在实验室里做某一学科的实验。这种初级的动手能力主要是让学生把理论与实践联系起来。

第二步，只给学生任务、工具和材料，由学生自行处理。这时学生就要先设计方案，明确需要什么工具和材料，然后去找、去借，或者利用替代品，甚至要自己做一些工具才能完成任务（类似创客实验室）。

通过这两个步骤的训练，可以增强学生的动手能力，提高学生的综合素质，对于他们今后解决实际问题，也将大有帮助。

记里鼓车是一个展示古代科技的很好案例，在了解其原理后，借助创客的工具和手段，就可以做出简化版的演示模型。

作者为中央电视台十套《解码科技史》栏目做了一个记里鼓车，并在现场进行了测试，每敲一次鼓，鼓车走过的距离都相等。

最后，希望大家能从本书的不同案例中获得启发，未来做出更多有创意的作品。